歴史文化ライブラリー

130

日蓮

中尾堯

吉川弘文館

原則として、初版で掲載した口絵は割愛しております。

目次

佐渡と身延の日々

日蓮の実像を求めて――プロローグ

神秘的な風貌を越えて

春はまだ浅い残雪のころ、厳しい寒気にたびたびさらされながらも、若々しい命が明日の陽春に向かって芽ぐみはじめる。鎌倉時代の中期、十三世紀なかばの思想情況は、まさにこのような季節の景観を見せていた。鎌倉幕府が開幕されてから半世紀、どうやら安定期に入ろうとした日本は、蒙古の大襲来という未曾有《みぞう》の困難に、いきなり直面する。国の存亡がかかった大軍の来寇《らいこう》と、西国に迎え撃つ防衛軍の派兵によって、深刻な戦いへの不安が、黒雲のように、社会を深く重く覆いつくした。このような時代情況のもとで、特異な宗教的人格が生まれ、それぞれに独特な宗教運動を展開する。叡尊《えいそん》・忍性《にんしょう》・一遍《いっぺん》らの僧がそれで、日蓮もその一人として、めざましく活躍した。

予言と法難で語られる日蓮は、伝統的な山林修行の土壌から育った、聖者《せいじゃ》としての一面を持ち、次々と起こる受難を克服するたびに、さらに神秘的な風貌を身にまとう。このため、日蓮の生涯は、奇跡に満ちた神聖な物語として語られ、日蓮自身もこれを聖話化して人々の前に提示したので、その実像を描きあげることには、なかなかの困難をともなうのが常である。

ここでは、日蓮の一生にわたる法華経信仰の営みを、歴史的にはっきりと捉えて、実像の素描を試みようとする。最近とみにさかんになった、日蓮とその時代情況の実証的研究の進展は、このような試みの大きな支えとなり、いくつかの視点を用意した。

本書の視角　千葉県市川市の中山法華経寺《なかやまほけきようじ》に伝来する、「日蓮筆要文紙背文書《ようもんしはいもんじよ》」の発見によって、日蓮の周辺を物語る史料が豊富になり、初期の伝記がかなりはっきりしてきた。これまで信じられていた伝記に、思い切った変更を試みたことが、その一である。

法華経の信仰を身上とした日蓮は、その教えにしたがった仏教の理想世界を、この地上に現出することを夢見たために、鎌倉幕府の政権との間に、絶えず緊張関係を持ちつづけなくてはならなかった。たびたびの法難は、両者の緊張の破裂を意味するもので、受難の体験を軸にして日蓮の政治との対応を考えたことが、その二である。

日蓮聖人画像（重文　中山浄光院蔵）
読経姿の肖像画で「水鏡の御影」という．

日蓮は、曼荼羅本尊《まんだらほんぞん》をはじめ、著書・写本・図表・書状など、じつに豊かな真蹟《しんせき》を今日に伝えている。これらの真蹟について、文言を読み取るという従来の方法にくわえて、その形態や機能を文化的に高く評価しようとする、古文書学的研究がすすんできた。この方面の成果を積極的に取り入れて、日蓮と弟子や信者のかかわりあいを、具象的に描こうとするのが、その三である。

日蓮は、豊かな情感と厳しい信念を合わせ持ち、聖者としての姿勢を崩すことなく、弟子や信者と宗教的な交わりを保ちつづけた。日蓮の、広範囲に及ぶ信仰圏を視野に入れながら、伝道活動や日常生活の実像を、置かれた環境や伝来する遺品などによって、描き上げようとしたことが、その四である。

日蓮の思想的遍歴について、佐渡配流の前と後に分けて捉える、佐前・佐後という考え方が従来行われてきた。ここでは、さらに、聖者としての神秘的性格の増幅と、終末の構図が変化する点を指摘したことが、その五である。

『妙法蓮華経』一経に絶対的な信仰を捧げ、「南無妙法蓮華経」と題目を一途《いちず》に唱えることを、唯一の信行の指針としたのが日蓮であった。その反面、さまざまな社会的・文化的な要因を、貪欲なまでに取り込んで、一つの思想と行動にまとめきったことは、じつに見事である。このような日蓮の姿を、粗削りながら紹介しよう。

日蓮の系譜と修学

東海の風光——日蓮の出生

日蓮は、貞応元年（一二二二）二月十六日、安房国《あわのくに》長狭《ながさ》郡《ぐん》東条郷《とうじょうのごう》片海《かたうみ》の地で、呱々《ここ》の声をあげた。現在の、千葉県安房郡天津《あまつ》小湊町《こみなとまち》小湊にあたる、海辺の漁村でのことである。

三つの奇瑞

誕生の故地に建てられた小湊誕生寺《たんじょうじ》には、宗教上の偉人とあがめられる日蓮の誕生にちなんだ、三つの奇瑞《きずい》が語り伝えられている。日蓮の誕生を祝うように、館の庭前からはこんこんと泉がわきだし（誕生の井戸）、海辺には蓮華が真っ白な花を美しく咲かせ（青《しょう》蓮華《れんげ》）、深海に棲《す》む鯛が岸辺に群れ泳いだ（妙《たえ》の浦）とされる。

この故事をしのぶように、誕生寺の境内には、誕生の井戸があって、その水を誕生水と呼ぶ。かつての岸辺に群棲《ぐんせい》している鯛は、天然記念物に指定されていて、小湊の港からそ

小湊誕生寺絵図（寛政３年）　右下方の岩棚の一角で日蓮は生れた．

の姿を見るための観光船がいつも出ている。その東側にあたる岬あたりには、海中に真水《まみず》のわく所があって、ここに青蓮華が咲いたという。

日蓮が生まれた場所は、現在の誕生寺からすぐ南方にあたる防波堤の向こうで、南西に広く張り出した岩棚の場所である。太平洋の荒波が打ちよせて、満潮になると海中に没してしまうこの磯には、かつて「片海」という漁村があったが、室町時代から江戸時代初期にかけて、しばしば大地震に見舞われ、津波のために流されて海中に没してしまった。誕生寺のもとあったところは、岬の突端にあたる「蓮華が淵」と伝えら

小湊の荒礎（千葉県天津小湊町小湊）
干潮時にあらわれるこの磯は，かつて片海の漁村であった．

れ、明応七年（一四九八）の大地震によって、もとからの伽藍《がらん》が流失した。

鎌倉時代には、奥深く入り込んだ内浦《うちうら》湾の東岸に、片海《かたうみ》・小湊・市河《いちかわ》などの漁村がつづいていた。後年、身延山《みのぶさん》に隠棲《いんせい》した日蓮は、はるか故郷の新尼御前《にいあまごぜん》のもとから届けられた「あまのり」をみて、はげしい望郷の思いにかられ、その心を返事にしたためている。

> 故郷の事、はるかに思わすれて候つるに、今此あまのりを見候て、よしなき心をもいいでて、うくつらし、かたうみ・いちかわ・こみなとの磯《いそ》のほとりにて、昔見しあまのりなり。色形《いろかたち》あじわいもかわらず。（「新尼御前御返事」）

身延の地からはるかかなたの、安房国の内浦東岸の村々と、その浜辺の岩にはえる「あまのり」は、日蓮にとって、幼いころの限りない思い出となつかしさを、かきたてずにはおかなかった。内浦の東岸にあたり、荒磯に囲まれた片海の村は、まさに日蓮誕生の地であった。

片海の陽光

片海の村は岬の突端に位置する、かつての海底が隆起してできた陸地を、波が削ってできた波食棚の上に形成された、まっ平らの土地であった。東から北にかけて、緑豊かな背後の山が連なり、南と西には太平洋が広がって、はるかかなたに黒潮の流れをみる。海辺は深い断層になっていて、海侵によって形成された荒磯の海岸が、村を包むようにつづく。岩場を覆いつくすように生える、甘海苔《あまのり》やひじきなどの海草は、今でもこの地の特産物として有名である。

周囲をさえぎるもののない片海の風光は、太陽の光をいっぱい浴びて、暖かく明るい自然の風景に恵まれていた。日蓮の誕生伝説にみる「三奇瑞」は、このような景観のなかで物語られてきた。「日蓮聖人」の絵巻物には、漁師の苫屋《とまや》を舞台とした出生の情景が、なごやかに描き上げられている。

今は海中に没してしまった片海の地は、いろいろな種類の魚介類が棲み、季節によって産卵によってくる磯として、とてもだいじに守られている。しかしながら、それはかつての地上の豊かさを物語るものではなかろう。

「三つの奇瑞」の意味

前に述べた三つの奇瑞《きずい》について、もう一つの観点から考えてみよう。まず「誕生の井戸」という湧水伝承を探すと、「弘法清水」や「鎌倉十井」のように、概して地下水の乏しい地域に広がっている。片海の村があった場所は、海面すれすれの噴火口から噴出した火山灰が堆積してできた、もろい凝灰岩《ぎょうかいがん》の波食棚の上にあった。このため、岩盤は地下水を透過させやすく、真水の供給にはずいぶん苦労したはずである。泉がにわかにこんこんと湧き出たとは、とうてい考えられない。清水や名水の伝説は、水不足の地においてこそ有効である。

このような地質上の情況であるから、岩上を覆う有機土も極度に薄く、耕作すべき田畑も少ない。ましてや、蓮の地下茎が育つ泥田《どろた》もなく、蓮華が美しく咲いたということは、まさに奇跡としかいいようがない。誕生寺文書のなかに、元禄十四年（一七〇一）六月の「誕生寺領山海由緒書」と題する、小湊村と市川村の訴訟についての文書の控えがある。これによると、誕生寺の寺領は全体で高七〇石で、そのうち五〇石が小湊村にあり、あと二〇石が市川村・岡村・片海にあった。その二〇石もほとんど市川村と岡村にあり、誕生寺の故地である片海は、寺領としての収入が期待されていなかったようである。

村の縁辺は深い断層で、その先はすぐ荒海となっていて、深い海に生息する鯛などの魚が、産卵のために苦労なくこの磯にやってくる。海草類の収穫には恵まれていても、漁業にはまったく適さない村であった。実際、片海よりも条件のよい湾内に面した、小湊と市河の二つの村は、近世まで漁業権をめぐって深刻な争いを繰り返している。ずっと後世のことではあるが、前掲の「由緒書」に、元禄十二年（一六九九）十月三日の日付がある文書が収録されていて、そのなかの文言に「内浦と申すは、片海荒磯ゆえ、湊には御座なく候」とあって、往年の様子を伝えている。

村の東側には、切り立った岬の断崖が連なり、太平洋の荒波がはげしく打ち寄せる。この山にさえぎられて、水平線上から昇る朝日を見ることもできず、孤立性の高い地域で、「片海」という地名もこのような地勢によるものであろう。この片海で、日蓮は呱々の声をあげたのである。

誕生寺の日蓮木像

日蓮の出生について、もう一つの貴重な史料が、平成三年四月に誕生寺で発見された。誕生寺の伽藍の中央に高くそびえる祖師堂《そしどう》に、等身の「日蓮聖人《しょうにん》座像」が安置されていて、「蘇生満願《そせいまんがん》の祖師」として広く信仰をあつめている。この木像の修理にあたって、胎内から大量の納入文書《のうにゅうもんじょ》が見いだされ、造立の経緯と意図がはっきりとわかった。

この胎内納入文書のなかで、とくに注目されるのは、日蓮の没後八一年目にあたる貞治《じょうじ》二年（一三六三）八月二十九日付の「日静願文《にちじょうがんもん》」で、そのなかに次のような文言が記されている。本文は漢文であるが、読み下し文で紹介しよう。

それ、□□□日蓮大菩薩は、当国安房東条郡片□にて御誕生これあり。去《い》ぬる貞応元年壬午《みずのえうま》なり。□□□御影《みえい》これを造る。ここに刑部《ぎょうぶ》阿闍梨《あじゃり》日静、七十三年に立願し、御影御□を作り、なお貞治二年みつのとの卯年三月六日鑿《のみ》打ちして、同八月二十九日開眼供養これあり。（中略）

貞治二年八月二十九日太才之卯　日静（花押）

七十三

一紙の料紙《りょうし》にしたためられた願文であるが、保存の状態があまりよくないので、失われた文字もあちこちにみられる。これを判読してみると、だいたいこのように読める。

この願文を執筆した日静という僧は、誕生寺第四世の住持《じゅうじ》で、この年すでに七十三歳であったから、生まれは正応五年（一二九二）にあたり、日蓮の入滅から一〇年の後のことであった。したがって、日静は直接に日蓮にあったわけではないが、幼少のころを過ごした小湊あたりで、日蓮の物語りを聞いて深い感動を覚えたはずである。

誕生寺の僧であった刑部阿闍梨日静は、同じ土地の出身者である日蓮の、法華経の信仰に終始した生涯の物語を聞いて、ふかく感動し共鳴した。この感激が、七十三歳の老年に

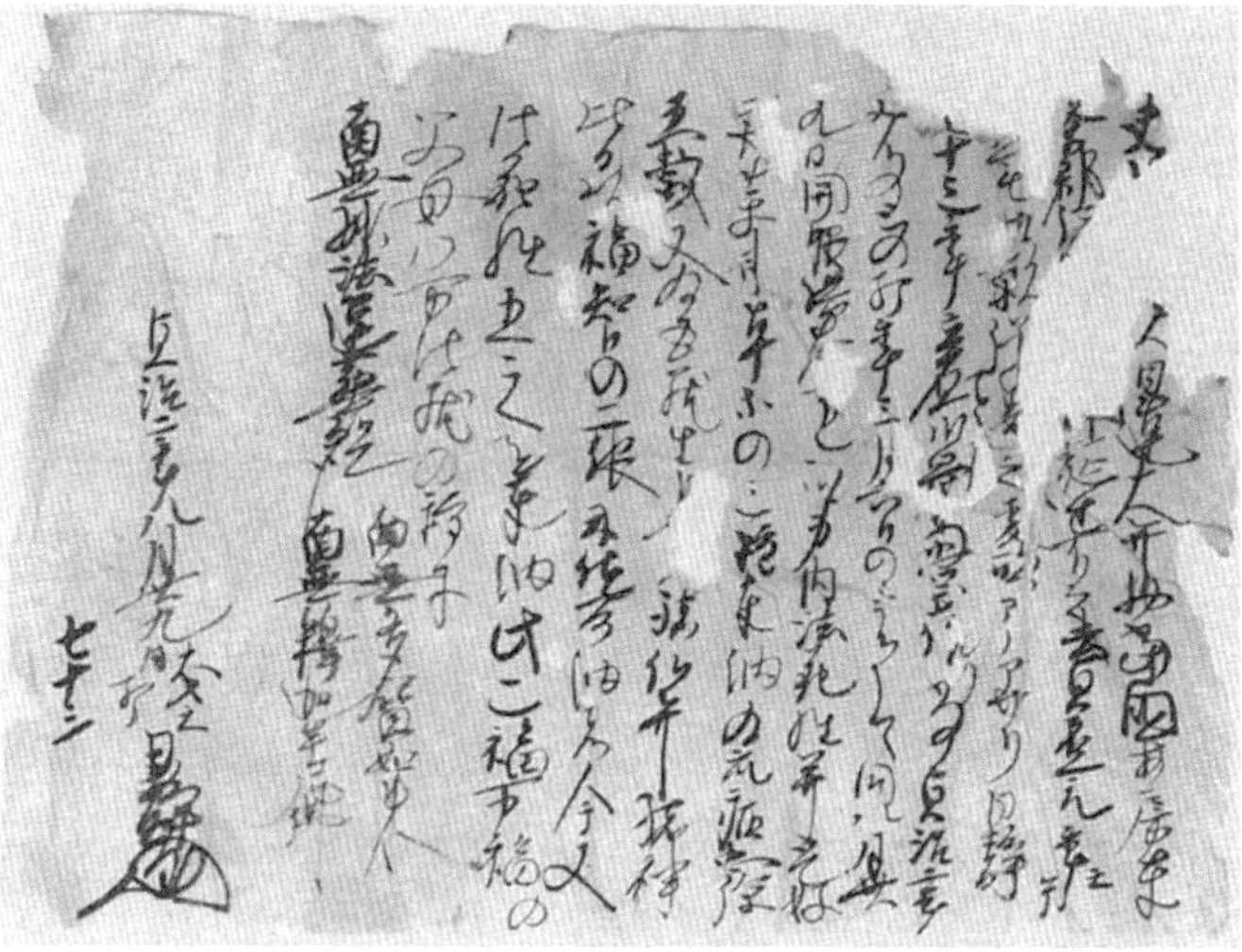

日静願文（小湊誕生寺蔵）　日蓮聖人木像の胎内に納入されている．

して、日蓮の御影、すなわち木像の造《ぞう》立《りゅう》と開眼《かいげん》を発願《ほつがん》させ、御影堂を建立してここに安置させたのである。

出生の最古の記録

この文中、「当国安房東条郡片□」とある欠字は、いままでの説明によって「海」とみてよいことがわかろう。日蓮が片海の地において、貞応元年（一二二二）壬午に出生したというこの記事は、地元の伝承を踏まえた説として重要である。ちょうどこのころ、駿河国の日道《にちどう》という僧が著した『日蓮聖人御伝土代《ごでんどだい》』には、「アワ国ナガサノ郡東条片海郷海人子也」とあって、これと符合し、二書ともに、日蓮の出生を物語る最古の記録として、とくに重要である。

この「御影《みえい》」とよばれる日蓮聖人木像について、もう一つ注目すべき重要な点がある。祖師堂の須弥壇《しゅみだん》上に設けられた御宮殿《ごくうでん》のなかに安置された、日蓮聖人木像は、紫の衣に緋色《ひいろ》の七条袈裟《しちじょうのけさ》をまとった高僧の装いであるが、意外なことにその下はまったくの裸形《らぎょう》の姿である。このため、毎年二回、六月と十月の十三日に厳粛な衣替えの儀式が執行され、大勢の信者が参詣して結縁《けちえん》する。日蓮の後継者たちが、いつまでも変わることなく、師に従いかかわりつづけることを表明するのが、このような衣替えの儀礼の、信仰上の意味にほかならない。

修理のために衣帯が外されたとき、像全体がもつズッシリとした量感に、ただただ圧倒されるばかりであった。じつは、明治の末年から昭和の初期にかけて、誕生寺の日蓮聖人木像は皇室の尊崇を受け、そのおりに木像そのものが柔和な相貌に彫り直されている。木像の雰囲気もずいぶん変わって、体軀も華奢《きゃしゃ》になったが、それでも豊かな量感を感じずにはいられない。誕生寺に安置する日蓮聖人木像のモデルは、片海の地に住む、赤銅色の肌をした存在感のある漁民の一人であっただろう。そういえば、海浜の村では、裸形はまさに日常の姿であった。没後八十余年に造立された、誕生寺の生けるがごとき日蓮聖人木像は、漁村であった片海の漁民の姿をあらわしている。

僻遠の地

日蓮は、みずから「片海の海人《あま》が子なり」（『本尊問答抄《ほんぞんもんどうしょう》』）などといっているように、片海に住む漁師の家に生まれたと、一般に考えられている。片海の「権《ごん》ノ頭《かみ》」を称する有力漁民の出身であろうと、「小湊ノ浦ノ釣人権ノ頭之子也」という『本門宗要鈔《ほんもんしゅうようしょう》』の記事によって推定される傾向にある。少なくとも今日の説では、日蓮の出自はまことに恵まれた環境にあったといわれる。はたしてそうであろうか。

それが空前の大規模な災害であったとはいえ、地震によってたやすく海中に没して、太平洋の荒波が洗う磯に姿を変える片海の地は、けっして安定した土地柄とはいえまい。漁業にしても、見渡すかぎりの磯つづきで、漁船をつなぐこれといった港もなく、商業活動にまでおよぶ大規模な産業はなりたたない。わずかに岩にはえた海草類をとり、岸辺の小魚を追うくらいの漁業を生業とする村では、農村の「名主《みょうしゅ》」にも匹敵する「網元《あみもと》」の漁民が成長することも考えられまい。

片海が属する長狭郡東条郷は、寿永二年（一一八三）に源頼朝によって伊勢大神宮の外《げ》宮《くう》に寄進され、その翌年の元暦《げんりゃく》元年には「東条御厨《とうじょうのみくりや》」が設けられて、白布と紙を貢ぎ物としておくっている。その中心地は、片海からずっと内陸部にあたる安定した肥沃な土地で、ここに東条・工藤らの在地武士がいて勢力を伸ばし、御厨の実態はしだいに失われていった。片海は、長狭郡のなかにあっても、すべての点で僻遠《へきえん》の地であった。

日本第一の御厨

日蓮は、あまりにも負の条件に満たされた片海の村に生まれ、やがてこの地から旅立っていった。しかし、かれは、終生この「東条御厨」のことを誇らしく思い、自分の行動と思想のなかに位置づけていく。後年、弘安二年（一二七九）十月一日に身延山でしたためた、「聖人御難事《ごなんのこと》」と題する書状の冒頭に、故郷「東条御厨」の意義を高く謳《うた》いあげている。

去ぬる建長五年太歳癸丑《みずのとうし》四月二十八日に、安房国長狭郡の内東条の郷、今は郡《こおり》なり。天照大神の御くりや、右大将家の立て始め給いし日本第二のみくりや、今は日本第一なり。この郡の内、清澄寺《きよすみでら》と申す寺の諸仏房《しょぶつぼう》の持仏堂の南面にして、午《うま》の時にこの法門を申しはじめて、今に二十七年。弘安二年太歳己卯なり。

建長五年（一二五三）四月二十八日、日蓮は安房国長狭郡東条郷にある、山岳寺院として知られる清澄寺において、はじめて「南無妙法蓮華経」と題目《だいもく》を唱え、法華経信仰とその伝道を宣言した。それは、山内の諸仏房にある持仏堂の南面での、まことに意義深い出来事であり、一生にわたる壮烈な伝道活動の出発点であった。

弘安二年のいま、東条郡と改まっている東条の郷は、かつて将軍源頼朝によって設けられた「東条の御厨」で、日本第二の御厨であった。しかし、いまや日蓮が法華経伝道の第一歩を印した聖地清澄寺を擁する、まさに日本第一の御厨として、日蓮自身によって意義づけられた。

　東条郡に含まれる日蓮の故郷片海の地も、じつに不毛の地といってよいほどの、負の条件をズッシリと背負った土地ではあるが、かえってこれを宗教的に超越して日本第一の御厨と観念している。日蓮にとって、故郷で体験したさまざまな思い出は、けっして快いものばかりではなかったはずで、小松原《こまつばら》で地頭の東条景信に襲撃された、深刻な受難もあった。しかし、法華経信仰の伝道に身を挺《てい》した今、その揺籃《ようらん》の地であり出発の地でもあった安房国東条郡は、今や「日本第一の御厨」である。

文筆の家――その系譜

貫名の家系

日蓮が、みずからの家系について述べることは、まったくなかった。後には貫名《ぬきな》氏とか三国《みくに》氏の伝承がみられるが、たしかな根拠があるわけではない。とくに広く行われている伝承は、父が貫名重忠で、母が梅菊《うめぎく》であるという。この貫名重忠は遠江国《とおとうみのくに》（静岡県）貫名の武士で、ゆえあって安房国《あわのくに》に流されたとする。やがては皇胤《こういん》説まで現れて、その聖性が世俗の権威によって修飾されるようになる。

日蓮が貫名重忠の子息であるとする伝承は、しかしながらその伝記について多くの示唆を与えてくれる。その一つは、海辺の不安定な土地柄で、まるで不毛の地とでもいえる片海《かたうみ》に、貫名重忠のようにレッキとした姓名をもつ人物が、どうして居住したのであろうかという素朴な疑問に、流人伝承をもっていちおうの答えを出していることである。さらにこの伝承が、「その先祖をたずねると聖武天皇の皇子に至る」と修飾されると、いわゆる貴種流離譚《きしゅりゅうりたん》がりっぱに成立する。驚くべき才能をもった偉人には、それを必然とするような、偉才を誇る他郷の貴人を求めることができるというのである。

しかしながら、そこまで考えないにしても、貫名重忠が片海の在地領主か、それに準ずる身分であったとはとうてい思えない。貴種流離譚で語られる貫名重忠は、在地性をもたず、他郷からの移住者であったことは間違いない事実であろう。かれは、東条御厨《とうじょうのみくりや》の端にある不毛な地に、どこからか移住してきたのである。

ぬきなの御局

昭和三十六年（一九六一）十一月三日、千葉県市川市中山にある、日蓮宗の大本山法華経寺《ほけきょうじ》に設けられている聖教殿《しょうぎょうでん》が開かれ、ここに伝来する日蓮真蹟《しんせき》のお風入れが行われた。このとき参加した私は、『双子要文《そうしようもん》』『天台肝要文《てんだいかんようもん》』『破禅宗《はぜんしゅう》』『秘書《ひしょ》』の四書に、多量の紙背文書《しはいもんじょ》があるのを発見した。後に『中山法華経寺史料』のなかに収めて、吉川弘文館から出版することになる。

一二〇紙ほどの文書は、そのほとんどが富木常忍《ときじょうにん》に宛てた書状であった。この富木常忍は、下総国《しもうさのくに》（千葉県）の守護をつとめる千葉介頼胤《ちばのすけよりたね》の家臣で、朝夕守護の役所に出勤して事務を執っていた人物である。はやい時期から日蓮の信者となり、終生法華経信仰を守った。新発見の文書は、守護所《しゅごしょ》に設けた自分の書棚に積んだ用済みの書類である。この

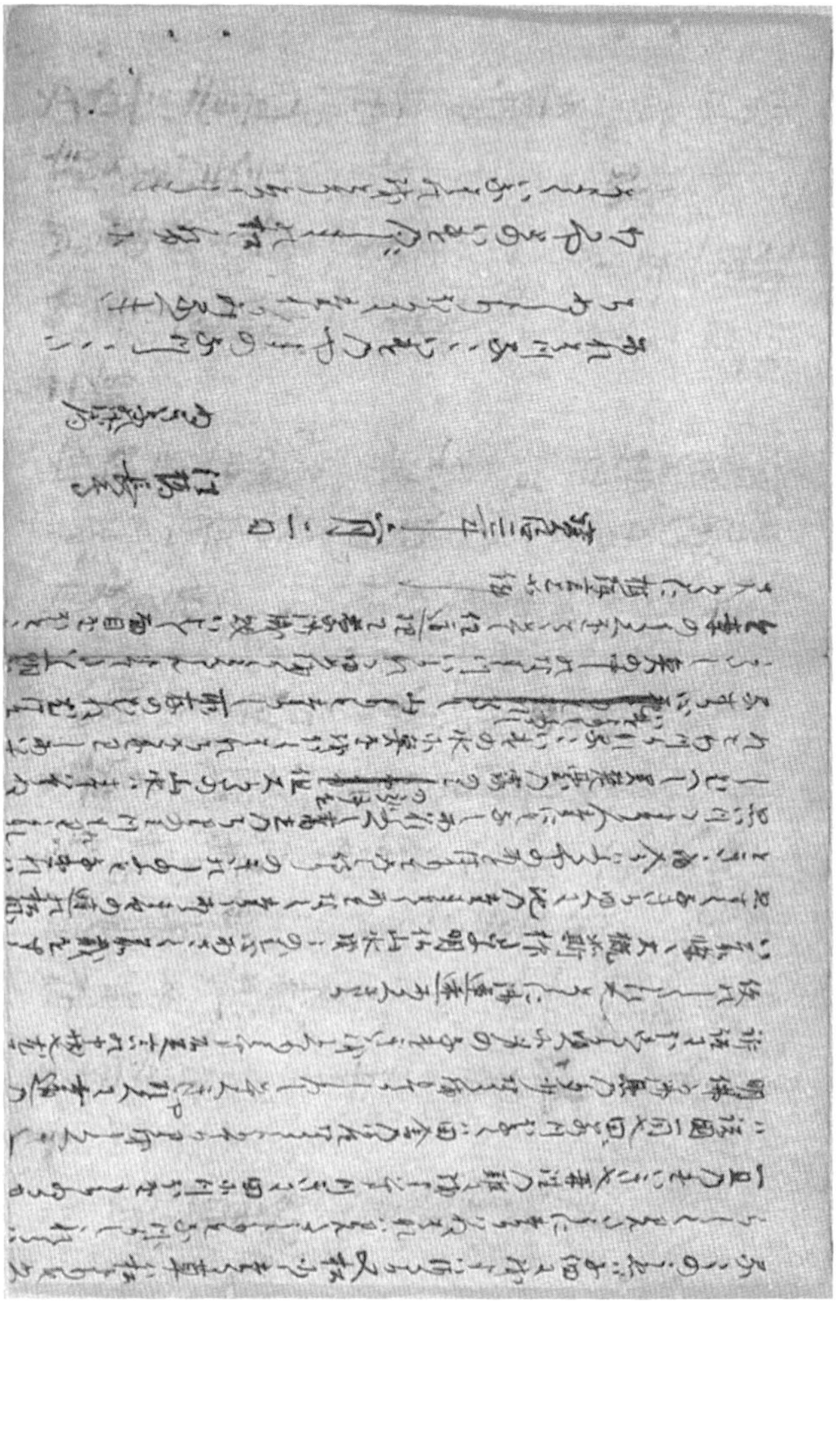

法橋長専・ぬきなの御局連署陳状案　宝治2年6月2日付　日蓮筆聖教『秘書』紙背文書（中山法華経寺蔵）

うち『破禅宗』のなかに、宝治二年（一二四八）六月二日付の「法橋長専《ほっきょうちょうせん》・ぬきなの御《お》局《つぼね》連署陳状案《れんしょちんじょうあん》」一通があって、注目をひいた。

「ぬきなの御局《おつぼね》」とは、今日流にいえば「貫名の奥様」とでもいうべきであろうか。この文書の発見によって、貫名の伝承がにわかに現実味を帯びてくる。連署している法橋長専は、富木常忍と同様に、千葉介頼胤の家臣であり、この文書群のなかに筆跡を数多く残している。内容は、この二人を相手取って訴訟を起こした、大夫明仏《たいふみょうぶつ》の非道を陳述し、道理にまかせた正しい裁断を望んだものである。ただ、訴訟の具体的な内容については、文書のはじめが欠失しているので、残念ながらこれを明らかにすることはできない。注目されるのは、この陳状の後に、二首の和歌が添えられていることである。

荒れ果つる小池の山の夏木立　主よりほかに誰かみるべき
わが宿の池の小島の松島に　そよぐ稲葉の風ぞ涼しき

下総の守護所で

この陳状《ちんじょう》に添えられた二首の和歌には、「そよぐ稲葉《いなば》の音ぞ涼しき」という句があり、富木常忍の出身地の「因幡《いなば》」国（鳥取県）と「稲葉」をかけて、宛て名を読み込んでいる。陳状の筆跡は、「法橋長専」と「ぬきなの御局」の署名からみると、「ぬきなの御局」のものであろう。

大事なことは、この陳状に添削されたあとがあり、控を意味する「案文《あんもん》」ではなくて、ほんとうの草案であることである。この草案が、守護所にある富木常忍の書棚に保管されていたことは、いったい何を物語るのだろうか。

この陳状の草案は、守護所の書記をつとめる富木常忍の、おそらくその執務の場所に近いところで、「ぬきなの御局」が執筆した。できあがった草稿を、法橋長専に示して添削したうえで、別に正式な本書を作成して法橋長専・ぬきなの御局の順に、それぞれ署名し花押を据えた。陳状の内容と、執筆した場所が守護所ということを考えあわせると、千葉介頼胤の家臣である富木常忍と法橋長専、訴訟の当事者である法橋長専・ぬきなの御局両人と大夫明仏という関係が成り立つ。

このような図式をみると、法橋長専と「ぬきなの御局」の夫貫名氏と富木常忍は、地位や職能に共通項が見いだせるように思われる。つまり、いずれも主君に仕える家臣で、当時これを被官《ひかん》と呼び、識字能力にすぐれて、文筆官僚としての役割を果たす者が多かった。荘園を運営するための執務も、このように文筆に長《た》けた人々が、その役割を担ったのである。とくに「ぬきなの御局」が執筆した和歌まで添えた陳状の草案は、その文章といい筆跡といい、女性として勝れた能力を身につけていたことがわかる。

いっぽう、貫名氏の子として生まれたといわれる日蓮は、幼少のころから富木常忍の妻から庇護《ひご》を受けていた。弘安二年（一二七九）十一月二十五日付の「富城（木）殿女房尼《あま》御前御書《ごぜんごしょ》」と題する、日蓮が身延山から富木常忍の妻に送った書状に、このことについて次のように述懐している。

当時とても楽しき事は候わねども、昔はことにわびしく候し時より、養われまいらせて候えば、ことに恩おもく思いまいらせ候。

「老年になった今といっても、とくに楽しいことがあるわけではないのですが、ずっと昔の若くとても苦しかったときから、いろいろと援助をしていただきましたので、ことのほか恩を重く思っています」という意味にとれる。若き日の日蓮は、はやくから富木常忍夫妻の庇護を受け、その母と思われる「ぬきなの御局」、当然その夫貫名氏も、守護の文筆官僚をつとめる富木常忍や法橋長専たちと、深い交わりがあったことは間違いない事実であろう。

領家の尼

片海に住んでいた日蓮の父母が、かつて庇護を受けた人物に、「領家《りょうけ》の尼御前」がある。それは尋常なことではなかったようで、日蓮は後に建治二年正月十一日付の「清澄寺大衆中《せいちょうじ》」と題する、「安房国清澄寺大衆中」に宛てた書状に、このことを述べている。

領家の尼御前は女人なり。愚痴《ぐち》なれば、人々の云いおどせば、さこそとましまし候らめ。されども恩を知らぬ人となりて、後生に悪道に堕《お》ちさせ給わん事こそ、不便に候えども、また一つには日蓮が父母等に恩をかおらせたる人なれば、いかにしても後生を助けたてまつらんとこそ祈り候らえ。

「領家の尼御前は女性ですし、物事の理非がよく判断できない愚痴の者だから、人々が強く言って脅せば、なるほどそうだわいと思ってしまうのでしょうか。ひとの恩を知らない人になって、地獄に堕ちてしまうことだけは、ほんとうに可哀想なことです。しかしながら、いま一つには、日蓮の父母に恩をかけていただいた人ですから、どうにかしても後生に地獄に堕ちないように、お助けして差し上げようと、お祈りいたしましょう」。おおよそ、このように解釈できる。

日蓮がまだ若く清澄山《きよすみやま》にいたころ、東条左衛門尉景信が清澄の山中で飼っていた鹿を狩り取り、山内の坊に住む僧侶に念仏の信仰を強要したことがある。このときに、日蓮は領家側について地頭の東条側と争い、その勢力から逃れたことがある。ところがこれから後、尼御前の信仰は動揺し、ついに日蓮のもとを去ったようである。

当時の長狭《ながさ》郡は、旧来の長狭氏が源頼朝との戦いに敗れて、没落し、新たに東条御厨が設けられた。やがて天津《あまつ》の工藤氏と東条の東条氏とが、在地領主として成長していき、御厨の勢力はしだいに弱体化していく。このような在地の状況を念頭においてみると、日蓮の父母に恩をかけた「領家の尼」は、御厨の荘務にかかわった人物ではなかろうか。荘園の管理・運営には、清澄寺をめぐる、地頭の東条と領家の争論に見るように、すぐれて文筆にたけた人物の存在が要求される。日蓮の父母といわれる貫名夫妻は、この要件に十分応えることのできる人物であった。

日蓮の父が、所伝のとおり貫名重忠であることには、結局確証を得ることができなかった。しかしながら、貫名の局・富木常忍・法橋長専・領家の尼という、日蓮をめぐる人々について考えてみると、その置かれた社会的な立場がどうやらわかるようである。

文筆の家柄

まず注目されることは、日蓮の周囲に有力武士の被官、それも文筆官僚としての役割を負う人物が多いことである。なかでも、和歌二首を添えた陳状の案文《あんもん》にみる、貫名の局の文才は、まことに見事なものである。幼少の日蓮が、このような文筆の環境に育ったということは、出自そのものが文筆の家柄であったことを予想させる。

守護の文筆官僚として活躍する被官は、下人《げにん》を従えて朝夕主君の館に出勤したが、みずからは領主として成長することはなかった。千葉介頼胤の被官であった富木常忍は、因幡国の出身で在地性がなく、わずかに若宮《わかみや》の館と若干の土地を与えられていたにすぎないから、その立場には不安定さがつきまとっていた。

その反面、かれらは官僚として文書の形式と機能に精通し、整備された文書の伝達経路を通じて、被官同士の世界を広げ連帯感を強めていった。しかも、その識字能力を発揮して多くの書物を読み、開明的な思想を身につけ、文筆の家としての誇りをいだいていた。幼にしてこのような能力を身につける場は、伝統的な地方の大寺院である。

日蓮は、はるかに太平洋を見渡しながらも、不毛の地ともいえる片海に生まれた。父母はおそらく貫名氏を名乗ったものと思われ、文筆官僚の系譜を引く家柄であった。幼時を過ごした周囲の環境は、守護や荘園の文筆官僚の知的な雰囲気に満ち、社会的には地域を越えた広範な広がりをもっていた。このような社会関係が、日蓮を偉大な宗教者として育て、その活動を支えていくことになる。

清澄寺の虚空蔵菩薩

清澄への道

南に向かって開ける東条郷の背後には、緑ゆたかな清澄山系の山々が、屏《びょう》風《ぶ》のように連なっている。谷が奥深く複雑に入り込んでいて、全体が照葉樹林に覆われているので、最高峰の妙見山が海抜三七七メートルほどとはいえ、深山幽谷の風光に恵まれている。その頂上付近に、鎌倉時代には天台宗であった、清澄寺《きよすみでら》という古刹《こさつ》がある。若き日の日蓮は、片海《かたうみ》の家を離れて、この清澄寺に入った。

清澄寺の本尊は虚空蔵菩薩《こくうぞうぼさつ》で、福徳・智恵をまし災難をはらうという功徳《くどく》で知られる、密教《みっきょう》の菩薩である。この菩薩像の前で虚空蔵求聞持法《こくうぞうぐもんじほう》という行法を行うと、満願の日に明星が口から体内に入り、智恵が明瞭になると信じられている。はるかな天空に明星をあおぐ山の突端が求聞持法の行場《ぎょうば》で、それには高山の峰がえらばれた。山岳修行に適した清

清澄寺摩尼殿　虚空蔵菩薩を本尊とする．

澄寺の景観は、天台密教を早くから取り入れていたことを納得させる。

平安時代の末ころから、日本六十六ヵ国の有名な寺社に、法華経を一部ずつ奉納して歩く、「六部《ろくぶ》」（六十六部）といわれる旅の修行者がさかんに活躍する。清澄寺については、弘安三年（一二八〇）五月晦日《みそか》の日付をもつ、院主《いんじゅ》阿闍梨《あじゃり》寂澄《じゃくちょう》の「如法経奉納状《にょほうきょうほうのうじょう》」（早稲田大学所蔵文書）によると、「六十六部如法経内一部」が奉納されている。

このような諸国廻国修行の行者が訪れる、安房国の霊場であると同時に、一国の枠を越えて全国的規模をもつ、法華経の修行コースのなかに組み込まれていた。この事実は、天台宗の僧侶がさかんに来往して、学問的にも実践的にも仏教界の動向と情報を、詳しく伝えていたことを物語っている。

豊かな仏教書

日蓮は、建治《けんじ》二年（一二七六）正月十一日付の「清澄寺大衆中」で、身延山から清澄寺の僧たちに宛て、仏教学の貴重な書籍の貸借について次のように要請している。

> 伊勢公御房に、十住心論《じゅうじゅうしんろん》・秘蔵宝鑰《ひぞうほうやく》・二経論等の真言の疏《しょ》を借用候《そうら》え。又、止観《しかん》第一第二御随身候え。東春・輔正記《ほしょうき》なんどや候らん。円智房の御弟子に、観智房の持ちて候なる宗要集貸してたび候え。それのみならず、文の候由も人々申し候し也。早々に返すべきのよし申させ給《たま》え。

ここには、清澄寺の僧侶が所蔵し、たがいに貸借しあっていた、仏教書のごく一端が語られている。十住心論・秘蔵宝鑰・二経論（弁顕密二経論）の三書は、弘法大師空海が著した、真言教学の基本的な書として知られ、その注釈書にあたる「疏《しょ》」が作成され所蔵されていた。止観第一・止観第二は、中国唐代における法華教学の大成者である天台大師が著した「法華・三大部」のうちの『摩訶止観《まかしかん》』第一・第二であり、法華経の教理を知るうえでの基本的な図書である。また、東春（智度《ちど》『天台法華疏義纉《てんだいほっけしょうぎさん》』）・輔正記（道暹《どうせん》『法華天台文句輔正記』）、数多くの仏教書から要点を抜き書きした『宗要集』などの、天台教学の学習に必須の書物があった。

清澄寺の学僧たちが所蔵していたこれらの書によって、その信仰内容が天台と密教《みっきょう》とをあわせた、天台密教に中心がおかれ、さらに真言密教の影響が浸透しはじめていたことを物語っている。それは、当時の天台宗に属する山岳寺院に共通する仏教信仰の傾向で、きわめて実践的な修行が主流をなしていたことがわかる。

ところで、これらの図書は、糊付《のりづ》けした粘帖装《でっちょうそう》か糸で綴じた綴帖装《てっちょうそう》の帖で、すべてが丹念に筆写した写本を、師匠から弟子へと大切に伝えられていた。これを僧の間で貸借し閲覧するとともに、書写の親本として用立てる仕組みが、すでに寺の内外で整っていたようである。先年、京都の妙蓮寺で発見した、平安時代後期の写経「松尾社一切経《まつのおしゃいっさいきょう》」を整理したとき、その奥書によって、書写と校合にもちいた親本が、近江国梵釈寺《ぼんしゃくじ》に伝わる一切経で、その帯出にはまとまりがあることがわかった。梵釈寺本を親本とした写経の例はほかにもあり、経巻を貸借するルールがある程度整っていたことをうかがわせる。

清澄の念仏

天台宗でもう一つ重要な意味をもったのは、浄土教の信仰である。「南無阿弥陀仏」と弥陀《みだ》の名号《みょうごう》を称《とな》えることによって、浄土に往生できるという教えは、天台宗の理論的な信仰を助けること（助業《じょごう》）として取り入れられたが、やがて重要な役割を果たすようになる。鎌倉時代には、法然《ほうねん》や親鸞《しんらん》による浄土教の鼓吹とあいまって、天台浄土教もさらなる隆盛期を迎える。それは、法華経の論理や密教の修行と融合した念仏で、法然の念仏のように他の信仰を拒否するものではなかった。阿弥陀仏以外の諸々の仏を信仰しながら、これを土台にして念仏を称え極楽往生を期するというのが、ここにみられる「専修念仏《せんじゅねんぶつ》」で、称える念仏も勇壮なものであった。

清澄寺も、これに例外ではなく、日蓮がやがて師と仰ぐ道善房は、このような浄土教の信仰を身上とする天台宗の僧侶であった。道善房の念仏は、虚空蔵菩薩の信仰をもとにする現世《げんぜ》安穏《あんのん》の祈りに満ち、山林修行によって得た神秘的な雰囲気に包まれていたから、「南無阿弥陀仏」と繰り返し称える称名《しょうみょう》の声は、深山にこだまする凜《りん》とした気迫に満ちたものであったろう。日蓮が、建治二年（一二七六）七月二十七日に、亡き道善房の墓前に

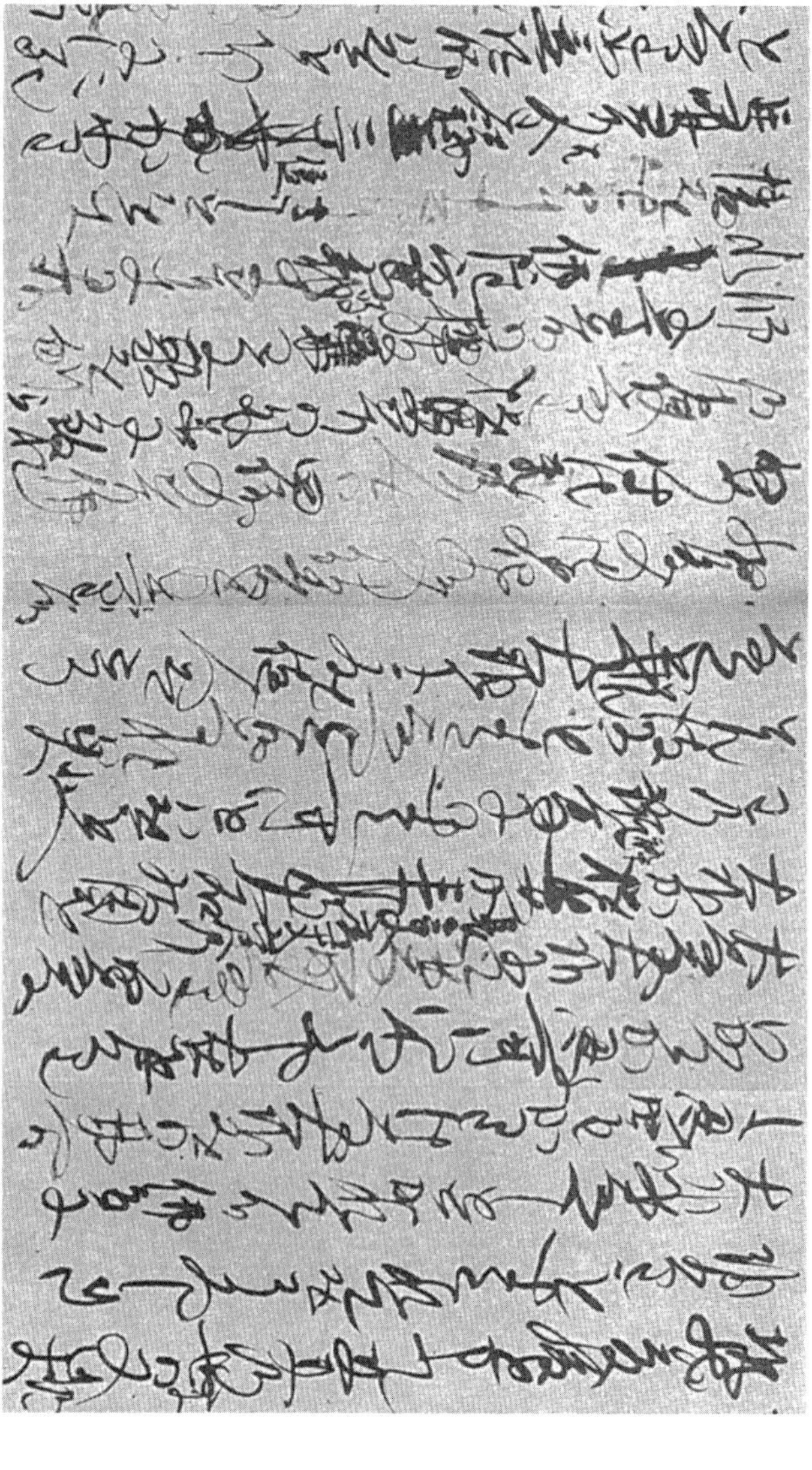

報　恩　抄（池上本門寺蔵）　日蓮の師道善房の死をいたんだ書状.

捧げた「報恩抄《ほうおんじょう》」には、その信仰について回顧している。

故道善房は、（日蓮が）いとう弟子なれば、にくしとはおぼせざりけるらめども、きわめて臆病なりし上、清澄をはなれじと執せし人なり、地頭景信が恐ろしといい、提《だい》婆《ば》・瞿伽利《くぎゃり》にことならぬ円智《えんち》・実城《じつじょう》が、上と下とに居ておどせしを、あながちにおそれて、いとおしとおもうとしごろの弟子らをだにも、すてられし人なれば、後生《ごしょう》はいかんがと疑う。

ここでは、地頭の東条景信の暴力による圧迫を恐れ、かつて釈迦に敵対した悪人の提婆や、仏弟子を誹謗《ひぼう》した瞿伽利《くぎゃり》にもたとえられるほどの円智・実城の脅しにあって、念仏を捨てきれない、ひ弱な道善房の姿が描かれるであろう。しかしながら、清澄の深い山中を舞台とする念仏の山林修行から離脱することを拒否し、清澄寺の伝統と秩序を守ろうとする、心優しい真摯《しんし》な修行者道善房のイメージが、その実像であったはずである。日蓮が、はるかに道善房の死を悼んで、清澄寺の浄顕房・義城房のもとに長文の「報恩抄」を送って、「花は根にかえり、真味は土にとどまる」とその死を悼んだのは、じつにこのような尊敬すべき師であったからである。

虚空蔵菩薩への祈り

日蓮が清澄寺に入山したのは十二歳のときで、出家したのは十八歳と伝えるが、厳密には明確ではない。日蓮が死の六日前に、武蔵国池上《むさしのくにいけがみ》（東京都大田区）の池上右衛門大夫宗仲《いけがみうえもんのたゆうむねなか》の館においてしたためといわれる「波木井《はきい》殿御書《どのごしょ》」には、清澄寺での年譜を次のように述べている。

天福元年癸巳《みずのとみ》十二歳にして清澄寺に登り、道善御房の坊に居て学問す。時に延応元年己亥《つちのとい》十八歳にして出家し、その後十五年が間、一代聖教《しょうぎょう》総《そう》じて内典《ないでん》外典《げてん》に亘《わた》りて残り無く見定め（下略）。

この記事によって、十二歳登山、十八歳出家ということが主張される。ところが、この四〇〇〇字にものぼる「波木井殿御書」は真蹟が伝わらず、これを死の床にある日蓮が衰弱した体で執筆するということには、無理があるのではなかろうか。

しかしながら、十二歳のときに清澄山に登ったという説には、納得できる点もある。今日、虚空蔵菩薩をまつる寺院には、十三歳になった子供が厄除《やくよ》けと智恵授けを祈願するために参詣する、いわゆる「十三参り」の風習が広く行われている。これは、元来、成人を意味する人生儀礼のひとつとみられ、旧暦の三月十三日を中心に行われる儀礼で、起源は古くまでさかのぼるものとおもわれる（その例は、京都嵐山の法輪寺、福島県柳津《やないづ》の円蔵寺、茨城県村松の虚空蔵堂に伝わっている）。

このような習俗を念頭におくと、日蓮の十二歳での入山は、成人以前に寺門に入るという、当時の慣例に従ったものとおもわれる。事実、この年ごろに大寺院に入門する例は、当時の僧侶の伝記に数多く見受けられる。まことに消極的な理由ではあるが、日蓮が清澄山に登って、道善房のもとに赴いたのは十二歳のときで、このときから僧侶の道を歩みはじめたとみる。

日本第一の智者

清澄山での日蓮は、天台密教の修行によったのであろうか、虚空蔵菩薩信仰のもとで神秘体験を積んだ。深い森林に覆われた山の霊気が、日蓮の感受性を増幅したのかもしれない。この霊的な出来事を、後年になって「清澄大衆中」に宛てた書状において述懐している。

（清澄寺の）生身の虚空蔵菩薩より、大智慧《ちえ》を給《たま》わりし事ありき。日本第一の智者となし給えと申せし事を、不便とや思しめしけん。明星の如くなる大宝珠を給いて、右の袖に受け取り候し故に、一切経を見候いしかば、八宗ならびに一切経の勝劣粗是《あらあらこれ》を知りぬ。

日蓮は、本尊の虚空蔵菩薩の前で、求聞持法を一心に修して、「日本第一の智者となし給え」と祈請《きせい》した。その願満の暁に、生身《しょうじん》の虚空蔵菩薩、すなわち生ける菩薩から、大いなる智恵の象徴である、明けの明星のように輝く大宝珠を給わり、これを衣の右の袖に受け取るという奇跡を体験した。

この体験をもとに一切経をひもとくと、ここに収められている多くの経文の、いずれが勝れ、いずれが劣っているかが、手に取るようによく分かるようになった。それは、かつて弘法大師が、四国の山野で体験した神秘体験とまったく同じである。天台密教の行法は、若き日蓮の心をとりこにしたのである。

浄土教を信奉する道善房に師事した日蓮は、師自身がそうであるように、法華経と密教の修行をもとに、浄土教の念仏の門に入った。このような清澄寺における修学の姿を、後に「神国王御書」（文永十二年）のなかで、「幼少のころより、随分に顕密《けんみつ》二道ならびに諸宗の一切の経を、あるいは人にならい、あるいは我と開き見し、勘《かんが》え見て候えば」と述懐している。

清澄山の日蓮は、天台宗の法華経と浄土教と密教の行法を、山林修行のなかであわせて修するという、自行救済的な信仰と修行を身上とする、天台僧として出発した。したがって、その信仰の傾向は、現世的な志向が強いものであった。

十七歳の書写本

清澄寺に入って間もなくの日蓮が、天台密教の世界に参入したことを物語るものに、金沢文庫に所蔵されている『授決円多羅義集《じゆけつえんたらぎしゆう》唐決《とうけつ》』上の写本がある。強度の高い斐紙《ひし》を二つ折りにして、その背にあたる部分を糊付《のりづ》けにした、粘葉装《でっちょうそう》といわれる表装が施され、表裏に聖教を書写している。このような体裁に仕立てたのは、本書を常に座右に置いておくことを意図したからであろう。

その内容についてみると、天台の教義を密教的に解説した、天台密教の入門書ともいえる書である。書写し終わった後で、親本よりほかの異本を用いて校合をするなど、文章に厳密な後年の日蓮を思わせるに十分である。その奥書には、十七歳のときに清澄山の道善房の堂で書写したことが、次のように記されている。

嘉禎四年太歳戊戌
十一月十四日
安房国東北御庄清澄山道善房
東面にて執筆　是聖房生年十七才
後見の人々　是を非謗することなかれ

十七歳の是聖房《ぜしょうぼう》が、嘉禎《かてい》四年（一二三八）十一月十四日に、清澄山中にある道善房《どうぜんぼう》の住坊の東に面した部屋で、この書を執筆したことを、この奥書は物語っている。日蓮は、この年ちょうど十七歳にあたり、清澄寺の道善房のもとに師事していたから、是聖房と同一人と思われる。筆跡についても、建長三年（一二五一）に京都で書写した、『五輪九字秘《ごりんくじひ》密釈《みっしゃく》』の写本、建長六年（一二五四）の『不動《ふどう》・愛染感見記《あいぜんかんけんき》』などと同じで、これは間違いない事実である。

この記事は、日蓮の房号が「是聖房」であったことと、十七歳の当時はすでに道善房のもとで出家して、房号を持っていたことを示している。十七歳の若き日蓮が、天台密教の初歩的な書物を厳密に書写したことは、修学の様子をうかがううえで大事なことである。清澄寺に入った日蓮は、重要な聖教の書写を意欲的に行い、このような態度は終生かわらなかった。ここには、仏教学の学習と密教の行法との両面にわたって、真摯《しんし》な研鑽《けんさん》を積む日蓮の姿がある。

所領の争い

日蓮が道善房のもとで修学していたころ、清澄寺は在地の利害によって深刻な状況に見舞われていた。東条の御厨《みくりや》を舞台に勢力を伸ばした東条景《とうじょうかげ》信《のぶ》が、清澄寺の寺領である山中に乱入して、ここに飼われていた鹿を狩りとり、自分が信仰している浄土教の念仏を、住僧に押し付けようとしたのである。

当時の大寺院は、本尊をまつる仏殿を中心に、一山の住僧がその周囲に持仏堂のある坊舎をそれぞれ構えていた。その僧侶たちは、道善房が念仏を身上としていたように、浄土教や密教などの信仰を師匠から相伝して、これを虚空蔵菩薩の信仰と結びつけながら、全体的に「清澄寺」としてまとまっていた。したがって、領主がその一人ひとりを自分の方につければ、清澄寺に対する支配力が強くなっていく。東条景信《とうじょうかげのぶ》が、東条郷での優越的な勢力を誇ろうとすれば、この地の古刹《こさつ》として信仰を集める清澄寺での、絶対的な立場をかためる必要があった。景信の行動には、このような目論みがある。

いっぽう、清澄寺にとってみれば、教権のもとに従来もちつづけていたアジール権を、在地領主の俗権によって侵されることを意味する。このアジール権というのは、関係のない他者がむやみに寺領のなかに侵入して秩序を乱してはならないという、一種の自治権のことである。たとえば、敗軍の将が高野山に入れば、なおもこれを追撃することができないというような、寺側に認められていた慣例的な権限で、古代から中世にかけての大寺院はこれを維持していた。かつて、織田信長が比叡山を焼き打ちしたことは、このようなアジール権を武力によって否定したことを意味する。

アジール権の確保

東条景信が清澄寺に対してとった、アジール権の侵害という武力行為の背景には、安房における御厨の領家《りょうけ》と新興の地頭東条景信との対立があった。日蓮は、このときに領家の方について東条景信と争い、清澄寺のアジール権を守った。このときの祈願の様子を、後年「清澄寺大衆中」という書状に、大要を次のように述べている。

東条左衛門尉景信は、ほんとうに悪人であって、殺生禁断《せっしょうきんだん》の清澄山中に飼っていた鹿を、狩りをして殺したりした。また、清澄山のなかにあちこちとある房に住む僧たちに、自分の信じる念仏の信仰を強制してその一門に引き入れ、勢力を山内にのばそうと画策した。日蓮は、東条と対立する領家の側について、山頂の清澄寺と、ここから流れ下る二間《ふたま》川《がわ》の川辺にある二間寺《ふたまでら》が、東条の方につかないよう力を尽くした。

このとき、日蓮は、清澄と二間の両寺がもし東条の方につくならば、自分の信じる法華経さえもすぐ捨て去ろうと、まごころを尽くした起請文《きしょうもん》を持仏の手にゆわえつけて、祈念した。この切実な願いが通じて、一年以内にこの両寺は、東条景信の介入を退けることができた。この事実を、虚空蔵菩薩がどうして忘れ去られてしまわれるだろうか。

日蓮が起請文を手にむすんで祈願を捧げた「御本尊」が、清澄寺の本尊虚空蔵菩薩か、あるいはみずからの持仏であったかどうかはわからない。しかし、その甲斐あって、清澄寺と二間寺のアジール権は、りっぱに守り通すことができた。

日蓮が、領家の側にたって在地領主の東条景信と戦ったことは、社会の秩序と平安を求める現実的志向を、強くいだいていたことを物語るものである。それは、なによりも、文筆官僚に囲まれて幼時を送った、日蓮の面目躍如たるものであり、出自を考えるうえで重要なキーポイントとなる。と同時に、法華経信仰を高く掲げ、宗教の立場から善政理念を求めた、日蓮の一生にわたる壮烈な伝道活動を予見させるものであった。

比叡への道

比叡の修学

日蓮は、やがて比叡山《ひえいざん》へ遊学の旅にのぼった。まず、安房《あわ》の清澄《きよすみ》山から出発して海を渡り、衣笠道《きぬがさみち》をへて鎌倉に入る。ここから東海道を西に辿《たど》るのであるが、その旅程は知るよしもない。東海の山々に連なる天台密教の山寺を歴訪しながら、心をときめかし比叡山を目指したのであろう。

日本天台の聖地としてあまりにも有名な比叡山は、天台宗の僧侶にとって、天台学の修学と密教の修行のあこがれの地であった。もちろん日蓮にとってもそうであったから、はじめから明確な問題意識を持って旅立ったといいきることはできない。

比叡山に遊学した日蓮についての記録は、あまりにも乏しく、その詳細を知ることは困難である。ただ、日蓮が建長三年（一二五一）に書写して、後に富木常忍《ときじょうにん》に与えたという

『五輪九字明秘密義釈《ごりんくじみょうひみつぎしゃく》』一巻があり、その奥書に、次のような文言がしたためられている。

建長三年十一月廿四日戌時《いぬのとき》了

五帖（条）之坊門富小路西面坊門ヨリハ南

富小路ヨリハ西

日蓮が、京都の下京にあたる五条坊門富小路の小庵で、建長三年十一月二十四日の真夜中に、この書の書写を終わったという。この書は、新義真言宗を開いた興教大師覚鑁《こうぎょうだいしかくばん》（一〇九五〜一一四三）の著作で、真言密教の聖教として重要な書である。ほの暗い灯火のもとで、この一書の書写を完成した日蓮の姿がここにある。

伝説によれば、遊学中に南都の諸大寺・高野山・四天王寺など、近畿地方の諸大寺を訪ね歩いたといわれるが、信頼すべき日蓮遺文に確証が得られない。むしろ、比叡山に伝統的な籠山行《ろうざんぎょう》にしたがって、比叡山の枠からあまり離れずに、仏典の読破をはじめ、聖教の筆写と抄出に全勢力を傾けたはずである。日蓮が重要視した『宗要集《しゅうようしゅう》』は、このような修学の機会に完成された、天台教学の要点を抜き書きした抄録で、後の布教活動において大きな支えとなった。

法華経の写経

当時の比叡山とその周辺には、中国から新たに輸入された『宋版一切経《そうはんいっさいきょう》』が所蔵され、僧侶の閲覧に供されていた。比叡山の麓にあたる近江

比叡山延暦寺　根本中堂

の梵釈寺《ぼんしゃくじ》には、奈良写経の伝統をもつ一切経の写本が伝来していて、平安後期から一切経書写の親本としてさかんに貸し出され、写経史上に大きな影響を与えている。また、密教経典として親しまれる『大般若経《だいはんにゃきょう》』六〇〇巻も写経されていて、平安時代から鎌倉時代にかけての古写経が各地に伝来している。仏典を書写する写経の風潮は、仏教信仰の修行の一つとして広がりをみせた。

平安時代に数多く書写された法華経の写経には、紺紙金泥《こんしきんでい》に経絵を描いたりした美しい装飾経がみられ、訓点《くんてん》や声点《しょうてん》などを打った読誦《どくじゅ》を目的としたものもある。鎌倉時代になると、このような傾向も内容的に充実し、その描かれた経絵も単なる装飾ではなく、法華経各巻に説かれている内容、つまり説相《せっそう》を描いたものが現れる。さらには法華経絵曼荼羅《えまんだら》が仏堂に掲げられて、絵解《えと》きが行われるようになる。このように、当時の法華経信仰の世界は、美的にも洗練されて内容的にも豊かになり、仏教文化として大きな広がりを持つようになっていた。

最近、東京の池上本門寺に安置されている、日蓮聖人木像が手にしている紺紙金泥の持経が、平安時代後期（一二世紀ころ）の写経であることがわかった。この木像は、没後の七回忌にあたって造立《ぞうりゅう》されたものであるから、この経は在りし日の日蓮が実際にみずから持っていたものの可能性がある。比叡山に遊学した日蓮が接した法華経信仰は、けっして観念的な信仰ではなくて、きわめて具象的なものであった。とくに山と海を舞台として展開する法華経の説話は、日蓮の安房における幼時体験とあいまって、深い感動を与えずにはおかなかったにちがいない。

やがて日蓮は、「南無妙法蓮華経《なむみょうほうれんげきょう》」と題目《だいもく》を唱え、法華経の信仰による救いの世界を描き上げる。その説得力のある教説は、このように具象的な説話の姿を内容にしてこそ、広く人々の間で意味を持ち、受け入れられるのである。

二つの浄土教

源平の合戦以来、戦乱が慢性的にうちつづく、深刻な世相となった。封建社会の厳しい主従関係のなかで、死の恐怖におののきながらみずからの運命を見据え、絶対的な救済を求める心情が、人々の心にせまる。このような不安にまず応えたのが、西方極楽浄土への往生を説く浄土教である。

平安時代中期からの浄土教の広がりは、密教的な浄土信仰を生み、天台宗や真言宗の行法のなかに大きく位置づけられるようになる。それは、清澄寺の天台密教にもみられるように、きわめて神秘的な雰囲気のなかで、「南無阿弥陀仏」の念仏が厳かにしかも声高く称《とな》えられる。法華経の読誦や密教の修法が強固な土台となり、そのうえで浄土教の信仰が「専修念仏《せんじゆねんぶつ》」として行われる。いわば、多仏思想にもとづく念仏である。

平安時代の末期から鎌倉時代初期にかけて、高野山の真言密教の信仰世界で、浄土教を鼓吹《こすい》した俊乗房重源《しゅんじょうぼうちょうげん》は、「専修念仏」を標榜《ひょうぼう》して東大寺再建の勧進《かんじん》活動を展開し、見事にその大事業を完成した。源平の合戦がまだ冷めやらないころ、敵味方の亡魂《ぼうこん》を弔《とむら》いながら、山林修行で鍛えた神秘的な響きをもって称える重源の念仏は、当代の人々の心情をはげしく捉えて離さなかったのである。

これと同じころ、法然《ほうねん》は末法相応《まっぽうそうおう》の教えとして「専修念仏」を称え、さかんに念仏を称えて一大センセーションを巻き起こした。その浄土教は、しかしながら、重源のいう「専修念仏」とは異なって、法華経や密教などの他経の信仰を、「末法不相応の教え」として否定したうえでの念仏で、いわば一仏思想にもとづくものであった。

膨大な一切経をひもとき、「八宗兼学《はっしゅうけんがく》」のことを耳にするとき、僧たちはそのすべてを学ぶべきか、一つを選ぶべきかについて深く悩みつづけた。「専修念仏」についての、多仏か一仏かという二つの立場は、鎌倉時代の仏教信仰をめぐる重要な選択であり、法然の浄土教がしだいに勢力をのばす趨勢《すうせい》にあった。

仏教史への関心

当時の比叡山では、歴史への関心がとみにさかんになり、眼前に移り行く世情を、歴史の観点にたって理解し見通すという、今日的な関心が高まっていた。その代表的な人物は慈円《じえん》で、摂関藤原忠通《ただみち》の子という貴族の出身で天台《てんだい》座主《ざす》の座に四度ほどのぼり、『愚管抄《ぐかんしょう》』の著者として有名である。

日蓮はこの慈円にたびたび注目し、後に「神国王御書」と題する著書のなかでは、承久の乱に北条義時を調伏《ちょうぶく》した「慈円僧正は、第六十二代ならびに五・九・七十一代四代の座主、隠岐《おき》の法皇（後鳥羽上皇）の御師」と述べている。しかし、鎌倉幕府を調伏する祈禱にもかかわらず、朝廷側の軍は無残にも敗退してしまった。日蓮は、その出生の一年前の承久《じょうきゅう》三年（一二二一）に起こった承久の乱に、慈円が果たした役割について、権勢をほしいままにしながらも祈りの叶《かな》わなかった僧として、当代史のなかにはっきりと位置づけている。

慈円が著した畢生《ひっせい》の著作『愚管抄』は、「道理」の精神をもって日本の歴史を見通した史論書として、広く知られている。現存する七巻のほかに、「比叡山史の部」にあたるものがあったと推測されていて、日蓮の比叡山史についての的確な理解からみると、それももっともとうなずける。

日蓮が書写して後世に伝えた写本や所持本のなかには、歴史を直接に扱った書がいくつかあり、これを室町時代の目録のなかに求めると、表のように多くの書名があげられ、いかにその関心が深かったかがうかがわれる。

日蓮真蹟《しんせき》目録所載の書名一覧

身延山久遠寺《くおんじ》の目録＝円澄和尚啓状・周書異記・寺門戒壇之望山門停止之状・高麗国之王植・山門之両門跡没収之訴訟之奏状・伝記御類聚・王代其外種々之事・俗書御勘文御類聚・日本仏法伝来之事・山門之奏状・八重十重之戒幷五逆七逆事・高麗国状・大宋高僧伝・王代記
中山法華経寺の目録＝叡山大師伝・一代五時図・皇代並我朝仏法始事・両朝略年

代記

日蓮が法華経信仰について語るとき、歴史を引用して説明することが多く、いたるところで仏教史と政治史について、該博な知識と判断をもっていた。その歴史に対する高い関心は、比叡山遊学のなかで養われたのである。天台座主慈円は、歴史の原理として「道理」を立てて日本史を論じ、日蓮は、法華経の信仰と論理をもって、インド・中国・日本の三国にわたる仏教史を見渡した。

一切経の閲読

日蓮の遺文のなかには、一切経をめぐる叙述がよくみられ、全体で五千余巻にものぼるこの仏教書籍を読破したという自信のほどがうかがわれる。先年、京都の妙蓮寺で、「松尾社一切経」という一切経写経のうち、三五〇〇巻を発見したので保存できるように整理し、全体の目録を作成した。これだけでも優に三年の歳月を要したから、全体を抜き書きしながら読み通すには、相当の期間にわたる着実な精進が必要である。日蓮が一切経を通読することができたのは、まとまった時間のとれる比叡山遊学の時代のことで、これが修学の主要な成果の一つであったにちがいない。

一切経の通読は、しかしながらこれまでの仏教学の研究成果を度外視しては、とても成功するはずはない。日蓮にとって、その水先案内となったのは、もちろん天台宗の教学であって、法華経信仰を念頭におきながら一切経を読みすすんでいった。このような営みのなかで、法華経信仰に対する信頼感はさらに高くなり、天台大師智顗《ちぎ》の法華経至上主義にもとづく信仰世界を観念のなかにうちたてた。日蓮の主張の根底には、一切経全体を閲覧し味読したという、隠然とした自信が常に横たわっている。

天台大師智顗は、一切経を構造的に捉えて、「五時八教《ごじはっきょう》」の説を立てた。この「五時八教」のうち五時は、釈迦によって教えが説かれた時期にしたがって、華厳《けごん》・阿含《あごん》・方等《ほうどう》・般若《はんにゃ》・法華の順に五つにわける。「八教」とは、説法の内容を蔵《ぞう》・通《つう》・別《べつ》・円《えん》の四種に分けた「化法《けほう》四教」と、説法の仕方によって頓《とん》・漸《ぜん》・秘密・不定《ふじょう》に四分類した「化儀《けぎ》四教」のことである。これらの分類を経典にあてはめて体系的に捉え、法華経が他の経典に超越する絶対的な教法であるとする。

日蓮は、この思想にもとづいて一切経のなかから法華経をえらびとり、持ち前の現実性と行動性によって、その教えを実践していく。

法華経信仰の興隆

当時の比叡山は、鎮護国家の道場としての教権と、朝廷と幕府の俗権をめぐる争いに翻弄《ほんろう》され、不安定な立場におかれていた。その反面、末法の世と自覚される社会情況のなかにあって、仏教による究極的な救済に思いをめぐらす、真摯な僧侶を輩出した。

法然・親鸞・道元ら鎌倉新仏教の開祖が、この山から輩出したことはいうまでもないが、比叡山の伝統の深さには計り知れないものがあった。ここに遊学した日蓮にとって、聖教の書写や抄録に費やしたその期間は、瞬く間に過ぎ去ってしまったことであろう。比叡山延暦寺を開いた伝教大師《でんぎょうだいし》最澄《さいちょう》は、一二年にわたって比叡山の山中で修行するという籠山《ろうざん》行《ぎょう》を始め、伝統的な修行として後世に伝えられた。日蓮の叡山での修学は、あたかもこの籠山行を思わせるものであった。

この遊学期間において、日蓮が獲得した最大の確信は、法華経信仰のなかから「南無妙法蓮華経」の題目を発見し、この題目に対する絶対的な帰依《きえ》によって、宇宙的規模の救済を実現することであった。しかし、このような信仰に到達した、直接の契機とその時期については、これを知るべき由もない。

法華経に帰依して「南無妙法蓮華経」と唱える題目は、当時の経典信仰からみると、必ずしも日蓮の発案ではなかろう。事実、平安時代に造立された仏像の胎内銘《たいないめい》などには、この言葉が散見する。しかしながら、この題目を本尊として仏界の頂上に高く掲げ、末法の世に呻吟《しんぎん》する衆生を救う真実の法として位置づけたのは、まさに日蓮の独創である。

浄土教が阿弥陀仏に向かって「南無阿弥陀仏」と称えて礼拝するように、仏像や仏画を本尊とするのではなく、「妙法蓮華経《みょうほうれんげきょう》」の経典に帰依する「南無妙法蓮華経」の言葉そのものを本尊として立てる、経本尊《きょうほんぞん》ともいうべき信仰を比叡山の修学のなかから見いだしたのである。

しかしながら、日蓮の法華経を拠所とする信仰に対して、まったく対立する立場をとる信仰が、法然によって説かれ広まりをみせていた。それは、「南無阿弥陀仏」の称名《しょうみょう》よりほかの諸経の信仰は、末法の世には不相応な「難行道《なんぎょうどう》」で、絶対に拒否しなくてはならないというのであって、「南無妙法蓮華経」の題目の信仰ももちろん否定されなくてはならない。日蓮は、新しい信仰の出発と同時に、法然の後継者たちとの信仰の戦いを始めることになる。

故郷への道

建長五年（一二五三）春、三十二歳の日蓮は故郷の安房国を目指して、東海道を東に進んだ。比叡山麓の坂本を出発して、近江路を琵琶湖の東岸にそって北上し、関ヶ原を越えて東南に進んで熱田《あつた》（名古屋市）にいたり、そのまま三河・駿河（静岡県）と東海道を東進して、伊豆の三島に着く。ここから箱根の山を越えると関東で、相模湾の沿岸を辿《たど》って、東海道の終点鎌倉に到着する。これが、当時の東海道の道筋であった。日蓮は、原則的にはこのコースにそって、天台宗の寺々を辿りながら、故郷への路を歩んだ。

鎌倉から安房国へは、三浦半島を通過する今までの衣笠道《きぬがさみち》に代わって、新しいコースが開かれていた。仁治《にんじ》二年（一二四一）に、幕府の手によって開かれた、鎌倉と東京湾岸の六浦《むつうら》（横浜市金沢区）とを結ぶ六浦道を越えて、新興の六浦港から海をわたり房州に上陸する。日蓮が比叡山に赴くときには、六浦道はまだ建設中で通ることができず、衣笠道を通って鎌倉に出た。その三浦半島で大きな勢力を誇っていた三浦氏は、宝治《ほうじ》元年（一二四七）に起こった宝治の乱によって北条氏に滅ぼされ、鎌倉幕府をめぐる政治地図も随分かわっていた。

清澄寺を目指す日蓮の旅は、ただ一人だけではなく、従僧を従えてのことであろう。背に負った笈《おい》のなかには、ながい遊学のうちに筆写した聖教の写本や、「宗要集」と呼ばれる抄録などが一杯に納められていた。

予言と法難

法華題目の創唱

法華経信仰の鼓吹

日蓮が故郷の清澄寺《きよすみでら》に帰ってきたのは、全山が若葉に包まれて美しい建長五年（一二五三）の初夏、四月のことである。長期の遊学からもどった日蓮に、中央で得た新しい知識の披瀝《ひれき》を求めたのは、一山の大衆《だいしゅ》とよばれる学生《がくしょう》たちであった。当時の天台宗寺院の僧団は、仏教学を修学する学生からなる大衆と、寺内の雑事を行う堂衆《どうしゅ》とからなっていて、その区別ははっきりしている。日蓮は、みずからが属している大衆に対して、比叡山で得た信仰上の所信をまず表明する。

日蓮が清澄寺に帰山したとき、師の道善房《どうぜんぼう》は諸仏坊という寺内の坊舎に住んでいた。諸仏坊という坊号は、法華経・密教・浄土教を兼ねた、天台密教の念仏を身上とする道善房にとって、まことに相応《ふさわ》しい名称である。

四月二十八日の午《うま》の刻、正午のころであろうか、日蓮はこの諸仏坊に設けられた持仏堂の南側に面した、明るく日のあたる場所で、浄円房をはじめとする幾人かの学生と静かに対した。旧暦で四月の末ころであるから、房州はもう夏である。額に汗を浮かべながら、法華経信仰の確信を熱く語った。このときのあまりにも意義深い出来事を、日蓮は鋭くまとめて、しばしば語ったことであろう。先にあげた「聖人御難事《ごなんじ》」と次の「清澄大衆中」のなかで、はっきりと述べている。

建長五年四月二十八日、安房国東条郷清澄寺道善房の持仏堂の南面にして、浄円房と申す者ならびに少々の大衆に、これを申し始めて、その後二十余年が間、退転なく申す。（「清澄大衆中」）

建長五年四月二十八日の日と、清澄寺道善房の持仏堂の南面という場所は、日蓮の法華経信仰にとって終生忘れることのできない、重要な意義を持つものであった。

題目信仰の提唱

日蓮がここで表明した趣旨は、仏教のあらゆる功徳《くどく》がこもる「南無妙法蓮華経」の題目を、末法の世にもっとも相応しい信仰として、高く掲げることである。天台密教と浄土教をともに信仰する、山岳信仰の霊場としての清澄寺の情況からすると、すぐさま念仏の絶対的な排撃を激しく主張したわけではないだろう。その主眼は、末法相応の題目信仰を打ち立てることであった。

しかしながら、日蓮のこの主張は、結果的には現実的な二つの問題を、すぐさま提起することになる。それは、天台宗本来の法華経信仰を、伝教大師《でんぎょうだいし》最澄《さいちょう》の時代のように復活することと、弥陀《みだ》の称名《しょうみょう》以外のすべてを雑行《ぞうぎょう》として拒否する、法然《ほうねん》の浄土教と対決することとして理解され、行動化されることになる。

当時の清澄《きよすみ》の周辺には、法然の説く浄土教の信仰はまだ波及せず、従来の天台の浄土教の信仰と儀礼が行われていた。しかしながら、日蓮が掲げた法華経の題目は、かえって従来の天台浄土教をも否定する、念仏すべてを排撃する主張として深刻に受け取られた。このような信仰の軋轢《あつれき》は、四月二十八日の出来事を契機としてにわかにおこり、やがては在地の政治問題にまで発展することとなった。

当時の天台宗や真言宗の信仰世界では、「南無阿弥陀仏」と弥陀の名号《みょうごう》を称《とな》える浄土信仰が広まり、木像や画像の阿弥陀仏を本尊にして、名号がさかんに称えられていた。この有り様を、日蓮は「十章抄」で次のように述べている。

天台・真言の念仏者、口ずさみには一向に南無阿弥陀仏と申す間、在家《ざいけ》の者はおもうよう、天台・真言等は念仏にてありけり。

このような信仰情況であったから、寺内では日蓮の主張とはかけ離れて、法華経の題目信仰から浄土教の念仏を護る運動が、当然の帰結として起こる。その主導者となったのは、日蓮が「報恩抄」で「提婆《だいば》・瞿伽利《くぎゃり》」にもたとえた、円智《えんち》と実城《じつじょう》の二人であった。かれらは、師の道善房が念仏を捨てることを防ごうと、地頭で念仏の信者でもある東条景信《とうじょうかげのぶ》と結んで、圧力をかけてきた。かつて清澄寺のアジール権を侵害しようとした、東条景信の政治的意図もからんで、事態は急速に悪化したものとみられる。

清澄山からの退出

この地方でとみに勢力をのばしていた東条景信が、浄土信仰の排撃を主張する者として、実力をもって日蓮の排斥を謀った。このため日蓮はついに清澄寺を去って、他の天台宗寺院へ移らなくてはならなかった。比叡山から持ち帰った聖教の写本や抄録などの多くは、諸仏坊の道善房のもとにおいたままでの、ただ一人の下山であったにちがいない。

浄顕房と義城房の二人は、その後を追って清澄から離れようとしたが、日蓮はこれを押しとどめたのであろう。「報恩抄」には、このときのことを回顧して、法華経への奉公とたたえている。

各々二人（浄顕房と義城房）は日蓮が幼少の師匠にておわします。勤操《ごんぞう》僧正・行表《ぎょうひょう》僧正の伝教大師の御師たりしが、かえりて御弟子とならせ給いしが如し。日蓮が景信にあだまれて清澄寺を出でしに、追いてしのび出でられたりしは、天下第一の法華経の奉公なり。後生は疑いおぼすべからず。

この二人は、幼き日蓮が清澄寺に入山したとき、師匠として学問の道に導いた。しかし今は逆に日蓮の弟子となって法華経の信仰に精進しており、それはちょうど伝教大師最澄の師であった勤操僧正と行表僧正が、後には大師の弟子となって従ったと同じである。日蓮が東条景信に恨まれて清澄寺を退出するとき、あとを追ってひそかに下山したのは、何にも代えようのない法華経への奉公であると、この事実を高く評価して、来世での成仏を確言している。いまや弟子となったこの二人の僧は、そのまま清澄寺にとどまって、日蓮と連絡をとりつづけた。

もはや東条の地にもいられなくなった日蓮は、ふたたび故郷の地を離れて、房総地方の天台宗寺院を歴訪しながら、やがて下総《しもうさ》の守護所《しゅごしょ》あたりに赴いた。当時の下総国の守護所は、今日の千葉県市川市にあたる八幡荘《やわたのしょう》にあり、守護をつとめていたのは千葉介頼胤《ちばのすけよりたね》である。日蓮と縁のある富木常忍《ときじょうにん》はその家臣で、守護の文筆官僚としてこの地にいる。

受難と使命

東条景信の圧力によって、故郷の清澄寺を離れることになった日蓮は、これを最初の受難として意義づけた。前にあげた「清澄大衆中」の「その後二十余年が間、退転なく申す」につづけて、「或いは所を追い出され、或いは流罪等」が間断なく身に降りかかったことを述べている。新しい法華経信仰を創唱しようとするにあたって、すでに覚悟のうえであった。

これより先、日蓮が法華経の敵として糾弾してやまなかった法然は、建永二年（一二〇七）に、専修念仏を主唱したかどで、四国の讃岐《さぬき》（香川県）に配流されている。法然の説く浄土教の念仏をことのほか鋭く究明した日蓮は、自説のために流罪となって所を追われた、その事績についてよく知っていたはずである。法然の受難から四七年の後に、今度は日蓮自身が受難の身となった。

日蓮にとってのこのたびの受難は、法華経の伝道という使命感を、かえって増幅させることとなる。皮肉なことに、法華経の信仰を否定するものとして批判する法然が、念仏のゆえに蒙った受難の物語は、かえって日蓮の法華経伝道の情熱をよりいっそうかき立てることとなった。下総の守護所付近に姿をあらわした日蓮は、法華経の題目信仰を末法の世に広める、使命感と自信とに満ちあふれていた。

下総の守護所

日蓮が姿を見せた守護所には、千葉介頼胤の一族をはじめ、家臣やその従者たちが集まり、にぎわいをみせていた。頼胤が父のあまりにも早い死によって家督を継いだのは、幼名を亀若丸といっていたまだ三歳のときであったから、政務は一族の武士が大勢で補佐していた。実務をとりしきる家臣たちも、文筆にすぐれた才能の持ち主が多かったが、その任務は通常より重かったにちがいない。建長五年のころには、主君と仰ぐ頼胤はまだ弱冠十六歳であったから、従者をともなった後見人の出入りは、普段よりも頻繁であった。

千葉氏の守護所が、はたして八幡荘のなかのどこにあったかは、確実にはまだわかっていない。国司の庁につかえる在庁官人の系譜をひく千葉氏であるから、おそらく国府《こくふ》のあった国府台《こうのだい》あたりであろうと思われる。千葉氏一族の武士は、供の者を従えて在地から守護所に赴いて政務にたずさわり、守護の館を警備する任にあたった。守護のもとに仕える家臣は、その周辺に館をかまえ、朝夕自邸から守護所に通勤して実務を執行し、ある者は鎌倉の出先機関に勤務して連絡などの業務を行う。富木常忍は、このような家臣の一人である。

年来の昵懇《じっこん》な間柄であった富木常忍と面会した日蓮は、法華経信仰に対する強い確信をいだきながら、密教の神秘的な雰囲気を身辺に漂わせていた。それは、題目信仰を体験的に獲得した自信と、長期間にわたる比叡山での山林修行で得た、天台密教の行者としての霊的な雰囲気であった。この後、建長五年の暮れから翌年にかけて、日蓮は下総国の守護所付近に足をとどめたものとみられる。

最初の法華信者

富木常忍の守護所での役割は、守護にあてて到来する書類を整理して主君に申達《しんたつ》し、その指示にしたがって命令を伝達し、施行することであった。建長五年（一二五三）から六年にかけて、常忍はこのような任務を果たすため、守護所につめて執務していた。富木常忍はそうしたある日、身近にいる日蓮に一通の手紙を書き、従者に持たせて届けた。日蓮の遺文にあらわれる最初の書状は、この手紙に応えてしたためた「富木殿御返事」である。

建長五年と思われる年の「十二月九日」付の、「折紙《おりがみ》」の形式をもつ書状で、中山法華経寺に伝来する日蓮筆の『天台肝要文《てんだいかんようもん》』の、四二丁の紙背文書《しはいもんじょ》のなかに含まれた一通である。これらの紙背文書は、もう用済みで廃棄すべきものを、裏返しに綴じてもう一度役立てた、いわばリサイクルしたものであったから、図らずも伝存したという、いとも幸運な書状である。この書状の全文を掲げよう。

よろこびて、御殿人《おんとのひと》給わりて候、昼は見苦しう候えば、夜まいり候らわんと存じ候。ゆうさりとりのときばかりに給《た》ぶべく候。また、御渡り候て法門をもご談義あるべく候。

十月九日　　日　蓮

富木殿

「わざわざお供の者を迎えに遣わされて、ほんとうに喜ばしく思います。折角のお迎えですが、昼は人目について困りますので、夜おうかがいしたいものです。夕べに鳥たちが巣に帰るころ、ほの暗くなった酉《とり》の刻（六時ころに）、あらためて使者を迎えに遣わして

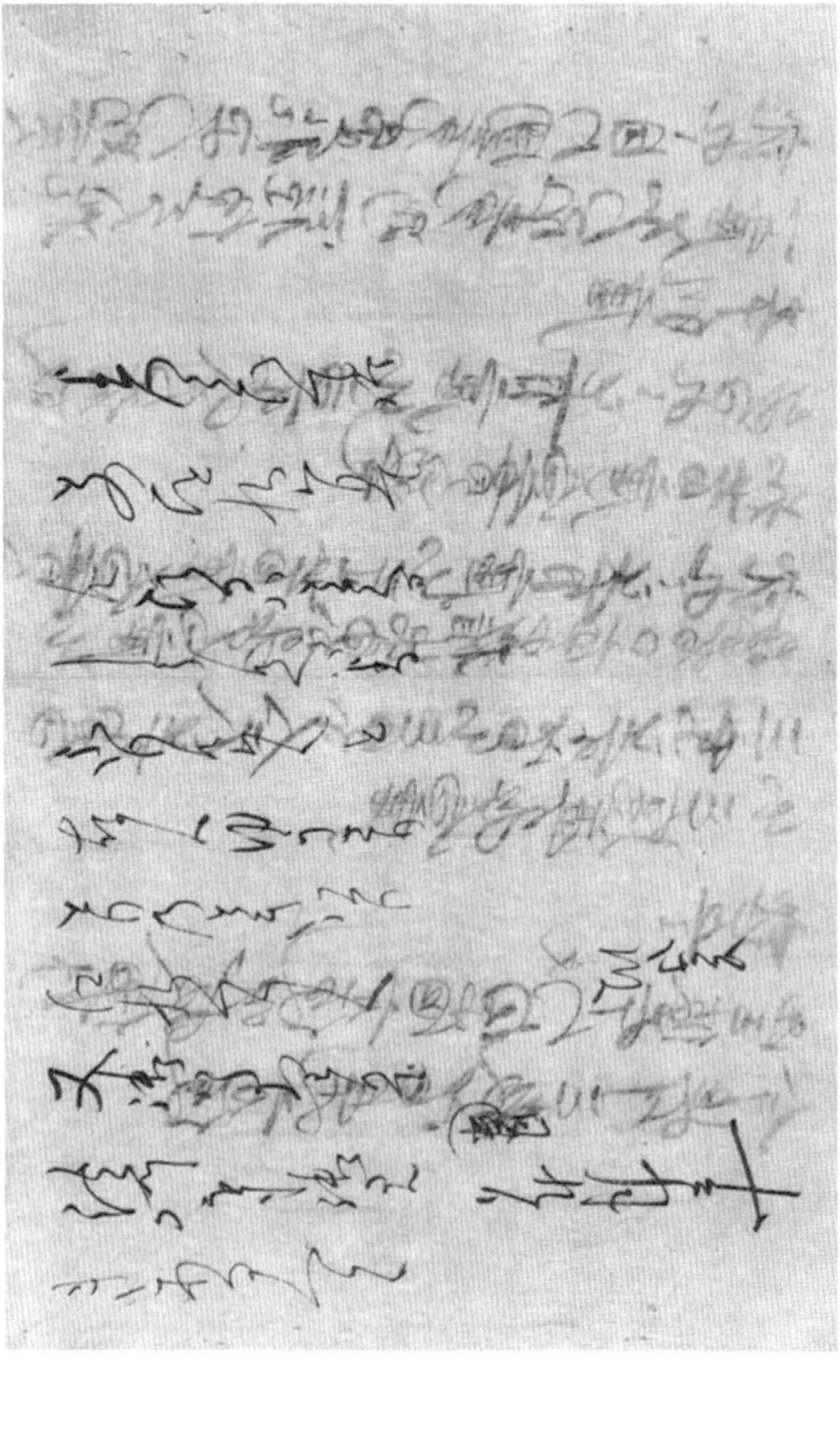

富木殿御返事（折紙）　日蓮筆聖教『秘書』紙背文書（中山法華経寺蔵）
建長五年十二月九日付　日蓮がしたためた書状として最初のもの．

ください。また、あなた自身もこちらにおいでになって、仏法のことなどをお話になってはいかがでしょうか」。大略このような内容である。

折紙の書状というのは、料紙を横に二つに折りあわせて、折り目を下側にしてしたためる書状の形式である。伝言すればそれですむものを、念のために書く手紙で、使いの者を待たせておいて走り書きするというもので、いわば薄礼の書状である。日蓮と富木常忍の場所は、使者が時間をおいて往来することができ、しかも日蓮が夕暮れのたそがれどきに訪れるほどの近距離にあった。富木常忍の館は、守護所のあった八幡荘に属する若宮にあったから、日蓮もこの地に滞留していたことは確実である。

先にあげた『天台肝要文』の紙背文書に、建長五年十二月三十日付の「長専書状」と題する一通の書状がある。この書状は、鎌倉の出先にいる長専が下総の守護所にいる富木常忍に送ったもので、これには「ときの入道殿」と宛て名が書かれていて、富木常忍の入道した姿がここにはじめて現れる。これより二十一日前にあたる十二月十九日の「富木殿御返事」には、宛て名がまだ「とき殿」となっていて、この時点ではまだ入道していないことに気づく。このことは、富木常忍の入信の時期と場所を知るうえで、重要な手掛かりとなる。

富木常忍が在家のままで出家を遂げたのは、建長五年十二月の下旬で、その場所は八幡荘の守護所近辺でのことであった。日蓮の最初の信者は、従来いわれているように鎌倉ではなくて、下総国八幡荘で生まれたのである。しかも、当時の地方武士がみせる堅い連帯意識からすると、それは富木常忍ひとりに限るものでなく、複数の信者を予想できる。

天台密教のなかで

日蓮は、下総の守護所付近に有力な信者を獲得したのであるが、そのまま定住するのではなく、なおも房総地方の天台宗寺院を訪ね歩いた。その拠点となったのは、本来的に出家集団であった天台密教の教団組織で、山深い伽藍《がらん》と修行の聖地は、日蓮を温かく包み込む。

建長六年六月二十五日、日蓮は眼前に見た生身の不動明王《ふどうみょうおう》と愛染明王《あいぜんみょうおう》の素描を、二幅の図に描いた。「不動・愛染感見記」と呼ぶその図には、「大日如来《だいにちにょらい》より日蓮にいたる二十三代嫡々相承《ちゃくちゃくそうじょう》」と、大日如来からまっすぐに密教を伝授されて、いま二三代目にあたるという、日蓮自身の密教相承を誇示している。

生身の愛染明王の姿を見たのは、正月一日の日食のときで、生身の不動明王は十五日から十七日にいたる三日間である。愛染明王は馬に乗った八臂《はっぴ》の姿で、不動明王は宝剣を持った立ち姿である。二つの図を描いた、日蓮は、これを新仏に授けた。日蓮はまさに天台密教の世界に位置し、霊的体験を積んでいたことが明らかである。この後、日蓮は南無妙法蓮華経の文字曼荼羅《まんだら》を揮毫するにあたって、必ず不動明王と愛染明王の種子《しゅじ》を梵字《ぼんじ》で書き入れている。日蓮があくまでも否定してやまなかったのは、天台密教で行われた浄土教の念仏ではなくて、法然のとなえる称名念仏《しょうみょうねんぶつ》であった。

良忠の専修念仏

法然の没後、浄土宗鎮西派《ちんぜいは》の念阿良忠《ねんありょうちゅう》が活躍し、建長六年の秋には下総国にやってきた。日蓮が、法華経の伝道活動を始めたのと、まったく同じ時期のことである。その九月上旬に、良忠は鏑木《かぶらぎ》九郎胤定《たねさだ》入道在阿《ざいあ》の招きによって、匝瑳《そうさ》郡鏑木《かぶらぎ》（千葉県八日市場市）に赴き、この地で『選択伝弘決疑鈔《せんじゃくでんぐけつぎしょう》』五巻を撰述している。

千葉氏一族に連なる武士に支持された良忠は、これから目覚ましい布教活動を展開し、上総《かずさ》（千葉県）・常陸《ひたち》（茨城県）に足を運んで、盛んに法談を行った。建長七年には、下総国匝瑳郡飯塚荘松崎郷福岡村で、同聞衆《どうもんしゅ》五〇人を集めて、三六日（一八日間）にわたって『定善義《じょうぜんぎ》』の講義を行っている。このように、日蓮が法華経の法敵と糾弾《きゅうだん》した、法然の主唱する念仏が下総に広まったことは、その宗教情況に重要な影響を与えずにはおかなかった。法華信仰か念仏信仰かという信仰をめぐる争いは、千葉介を守護とした下総の政治のうえにも、さまざまな問題を引き起こすことになる。

やがて日蓮は、遅くとも正嘉元年（一二五七）の初夏ころまでには、房総の地を去って鎌倉に出る。良忠もまた、福岡の領主で檀越《だんのつ》椎名《しいな》八郎《はちろう》とのあいだに対立を生み、苦しいままに文応元年（一二六〇）前後に鎌倉へ移った。日蓮と良忠の、法華の題目か浄土教の念仏かという信仰上の争いは、そのまま鎌倉に持ち越されることになる。

立正安国論

鎌倉の寓居

清澄山《きよすみやま》を去って下総《しもうさ》の八幡荘に赴いた日蓮は、その後も房総に点在する天台宗の寺院を歴訪したと思われる。この地方の深い山林に位置する当時の天台宗寺院には、坂東三十三ヵ所観音巡礼の行者や六十六部の納経聖《のうきようひじり》など、多彩な修行者が訪れて霊場として繁栄していたから、比較的に出入りは自由であったはずである。観音信仰で有名な笠森観音には、日蓮が身を隠したという伝説もあり、天台宗寺院をたどる修行ルートを考えると、あながち荒唐無稽《こうとうむけい》な話でもなかろう。しかし、日蓮はやがて房総を後にして、鎌倉へ進出する。

日蓮が下総国八幡荘を拠点としながら、鎌倉への進出を果たしたのは、おそくとも正嘉元年（一二五七）のはじめころまでのことであろう。当時の鎌倉幕府では、北条時頼が執《しっ》

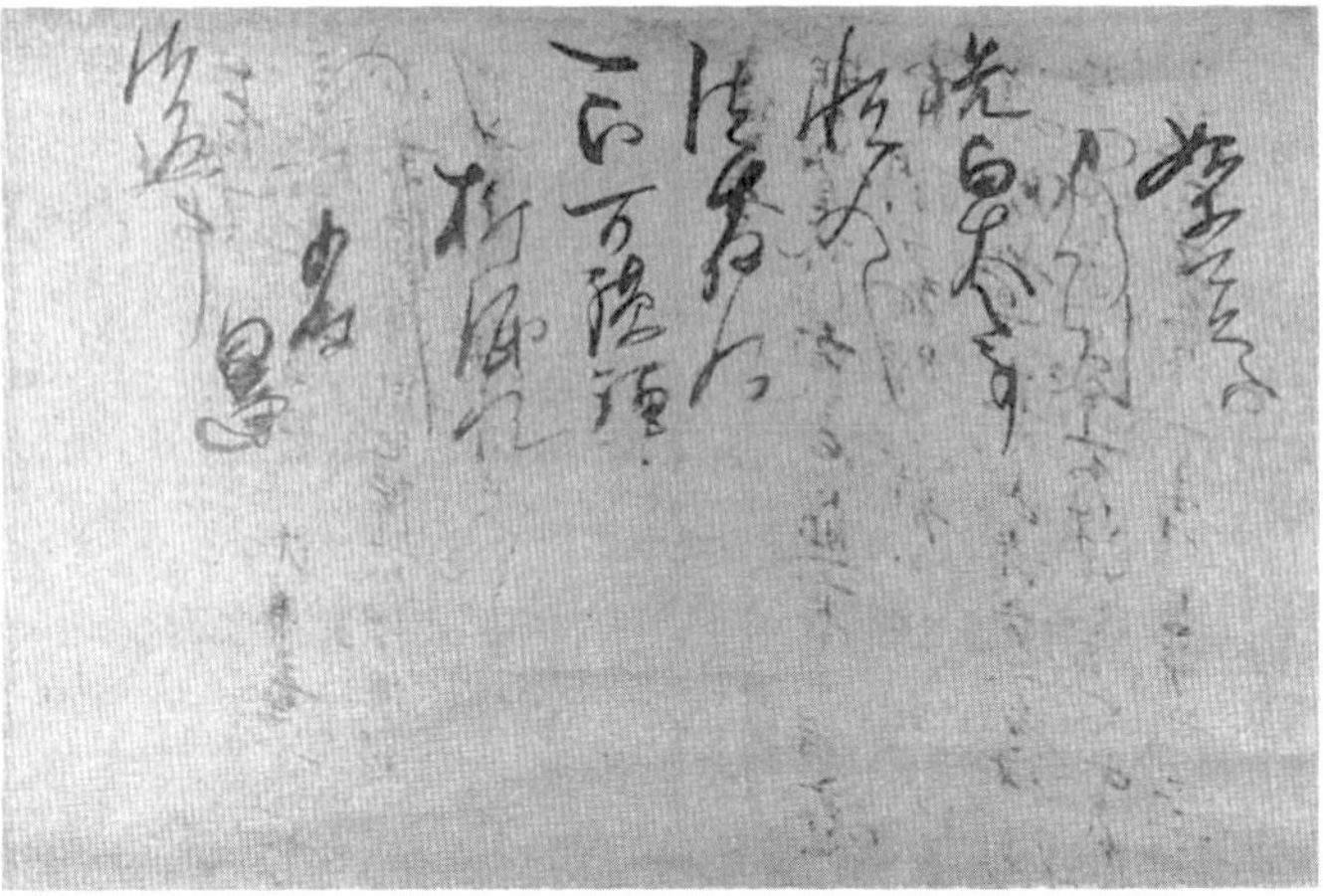

某殿御返事（折紙）　日付はないが，日蓮が鎌倉に進出した建長6年ころの書状とみられる．

権《けん》として敏腕を振るい、建長五年（一二五三）には一三ヵ条の新制を出して、民政にも新機軸をしめすなど、幕政に顕著な実績を上げていた。いっぽうでは鎌倉市中の治安をととのえ、生活上の制限を強化している。やがて北条時頼は病を得て執権職を退き、後を北条長時に譲ったが、なおも幕政の実力者として威勢をふるった。

日蓮は、このような情況にある鎌倉に移り、住居を構えて住むこととなる。このときに、すぐさま松葉《まつば》ヶ《が》谷《やつ》に草庵を建てて、ここを鎌倉での伝道の本拠としたとされるが、都市の規制が厳しい当時、これが容易にできたかどうかは疑問である。むしろ、天台宗寺院の僧坊か堂を繕って、わずかの弟子たちと居住したのではなかろうか。

ちょうど、『万葉集註釈』を文永六年（一二六九）に著した仙覚《せんがく》が、比企谷《ひきがやつ》新釈迦堂の僧坊において完成したと、その奥書に記しているように、寺院の堂舎が僧侶の寄宿所としての役割を果たしていたことが思い出される。このような寺院は、原則的に外の勢力から保護された場所であった。

去る平成八年、京都の遠藤氏宅から、日蓮真蹟《しんせき》の折紙書状一通を見つけた。簡単な内容ではあるが、おそらく日蓮が鎌倉に進出してまもないころのものであろう。それは、「まず、白木の事、悦び入りて候。法華経一部、読誦《どくじゅ》すべきの折紙、悦び入りて候。恐々（なお）初めにて候らえば、格子作りて候なり」という文言である。ここには、供養された白木をもって、寓居の窓に格子をつけたという、鎌倉進出当初の様子がまざまざと物語られているといえよう。

未曾有の大地震

鎌倉を舞台に伝道を始めた日蓮は、けっして目立つような活動はしなかったはずである。というのは、北条時頼が執権職についてから、鎌倉市中の統制がとくに厳しくなり、寺院をはなれて自由に活動する僧、とくに念仏僧が幕府の手による取締りの対象となりはじめていたからである。日蓮が鎌倉に進出したはじめの段階で、辻説法《つじせっぽう》を行うことなどはとうていできなかったはずであった。弟子とともに居住する堂や各家の持仏堂などで、法華経の読誦などの仏事を営み、法談などを行ったのであろう。まことに静かな伝道活動であった。

　このようなとき、日蓮の生涯を揺るがすような、未曾有《みぞう》の大災害が突然に鎌倉を襲った。いわゆる「正嘉の大地震」である。『吾妻鏡《あづまかがみ》』正嘉元年八月二十三日の条の記事から、そのありさまをうかがってみよう。

　秋の日が暮れてまもない午後八時ころ、暗くなった鎌倉の町は、大音響とともに大地震に見舞われた。このため、神社仏閣は倒壊し、周辺の山は崩れ落ち、人々の家屋敷の多くがひっくりかえり、築地《ついじ》のほとんどが破損した。あちこちの地面は裂けて、その底から水が湧き出た。中下橋馬橋あたりの土地は裂け破れて、そのなかから青い炎が燃えだした。このような暗闇の大惨事のなかを、人々は右往左往して逃げまどい、怪我《けが》人や死者も数多く出たはずである。日蓮とその弟子や信者の姿も、混乱の渦中にあった。

　翌日になっても余震はやむことなく、小規模なものは九月いっぱいにわたってなおつづいている。幕府は、護持僧《ごじそう》や陰陽師《おんみようじ》に祈禱を命じたが、効果はなかった。『吾妻鏡』のこの年には、とにかく地震の記事が多い。五月十八日の夜中には大きな地震があったが、吉凶とも判断がつかず、そのまま沙汰止《さたや》みとなった。八月一日の午後二時ころにも、二十三日の前触れともみられる大地震が襲っている。八・九月はまさに地震の月であったし、十一月八日にも、前に劣らないほどの激しい地震が鎌倉を揺るがした。

震災からの復興作業も、いつまでも余震がつづくなかで始まったが、深刻な天災がなぜ起こるのだろうかと、人々は不安な日々を送っている。日蓮は、現実志向の強い法華経の信奉者として、これに答えなくてはならない。

幕府への勘文

日蓮がどのような段取りで『立正安国論《りっしょうあんこくろん》』を著したかは、じつはよくわからない。一説によると、駿河国岩本の実相寺《じっそうじ》（静岡県富士市）の経蔵にこもって、一切経を閲覧したともいう。当時の日本では、大陸から輸入された『宋版《そうはん》一切経《いっさいきょう》』が何セットも大寺に所蔵されており、平安時代後期に書写された一切経も諸方に伝来していたから、一切経の閲読という史実は十分にうなずける。

日蓮は、一切経をおさめて厳格に管理されている一切経蔵にこもって、五千余巻にものぼる経巻から特に注目すべきものを選んで開きみた。かつて比叡山に遊学したおりに作成した、一切経の抜き書きをたよりにしながら、一切経の要点を問題意識にそって読みなおし、要文《ようもん》を筆写していく。平安時代後期に書写された法華経の写経、さらには経典の注釈書などを求めて、訓点《くんてん》や声点《しょうてん》によってその読み方に配慮しながら、一切経と同様に幾度も読み返したことは間違いない。こうしてできあがった要文集を座右において、おおよその文脈をととのえて、いよいよ原稿の執筆にとりかかる。

旅客《りょきゃく》来りて嘆きて曰《いわ》く、近年より今日に至るまで、天変地夭《てんぺんちよう》・飢饉疫癘《ききんえきれい》、あまねく天下に満ち広く地上に迸《ほとばし》る。牛馬巷《ちまた》に斃《たお》れ、骸骨路《がいこつみち》に充《み》てり、死を招くの輩すでに大半に超え、これを悲しまざるの族《やから》一人もなし。

「四六駢儷体《しろくべんれいたい》」という、対句を用いた流麗な漢文で書かれた、『立正安国論』一巻は、入念な推敲《すいこう》を重ねたうえで、文応元年（一二六四）に完成した。これから後の文永六年（一二六九）十二月八日に、日蓮みずから筆写した本書の奥書に、「文応元年太歳庚申《かのえさる》これを勘《かんが》える。正嘉にこれを始めてより文応元年に勘えおわる」と記している。『立正安国論』一巻は、まさに正嘉の大地震の実体験から生まれた書である。さらにその文中に「すでに勘文《かんもん》これに叶《かな》う」とあり、『立正安国論』を勘文と呼んでいる。現実の深刻な情況を、故事や経文によってどのように解釈し、これを鎮める方策とその効果を述べるという、いわば「予言の書」ともいうべきである。

この書の冒頭に、訪れた旅人の「この世が急速に衰え、仏法が壊滅するのはどうしてであろうか」という問いかけに、主人が答えるという形で対論が進行する。

選択集を批判

主人は、経文によってみると、世は皆正しい法に背き、人はすべて悪法に帰依《きえ》するので、善神は国を捨て去ってしまい、そのすきに魔がやって来て災難が続発すると答える。客が、その証拠となる経文を求めると、主人は「その文繁多にして、その証弘博《こうはく》なり」といって、金光明経《こんこうみょうきょう》・大集経《だいじっきょう》・仁王経《にんのうきょう》・薬師経などの経文の章句を列挙し、

「それ四経の文朗《もんあき》らかなり」と断言する。

客はこれに対して、この国に仏法が繁栄した歴史と現状を挙げ、仏法の衰微という状況判断に疑義を挟《さしはさ》む。主人は、「いかに仏法が繁栄したとしても、法師はよこしまで人倫の道に迷い、王臣は思慮分別がなく、仏法の邪正を判断することができない」と答え、仁王経・涅槃経《ねはんぎょう》・法華経などの章句を引き、「悪僧を戒めなかったら、どうして善事をなすことができようか」と強言する。客はこの言葉に憤って、「どうしてこのような悪口を言って、そんなにひどく誹謗するのか。その悪い僧とはいったい誰なのか」と詰問する。主人は、法然という僧が『選択本願念仏集《せんじゃくほんがんねんぶつしゅう》』＝『選択集《せんじゃくしゅう》』を著し、釈迦が一代の内に説いた教説を否定し、あまねく衆生《しゅじょう》を惑わした」と糾弾《きゅうだん》し、その文章を抄出する。

法然は、『選択集』のなかで、仏教の信仰によって成仏しようとするには、正行《しょうぎょう》と雑《ぞう》行《ぎょう》のうち速やかに雑行を捨てて、正行に従わなくてはならないという。ここでいう雑行は聖行《しょうぎょう》・難行ともいい、法華・真言をはじめ一切の諸仏菩薩などの信仰で、これらをすべて捨てきれよと主張する。正行とは、「南無阿弥陀仏」と称える口称《くしょう》念仏のことで、末法の衆生はただこの一行によってこそ浄土に往生できると説く。雑行を拒否して正行のみを肯定する浄土教が急速に広まったので、「(他の宗派の)仏堂は零落して瓦松《がしょう》の煙老《お》い、僧坊は荒廃して庭草の露深し」という、悲惨な情況に追い込まれた。

仏教本来の教えが失われてしまうと、「住持の聖僧は行きて帰らず、守護の善神去りて来ることな」く、地上には悪鬼が時を得たりと跳梁《ちょうりょう》し、深刻な災難が次々とつづいて起こる。このような混乱は「ひとえに法然の選択による」から、世の平安を真剣に願うならば、この信仰をまず禁止しなくてはならない。主人がこのように力説するので、客はさらに色をなして反駁《はんばく》する。

地上の仏国　客と主人の対論はさらに進む。客は、人々が「勢至菩薩《せいしぼさつ》の化身《けしん》、善導《ぜんどう》の再誕」といって貴く仰ぐ法然の教えを、厳しく誹謗《ひぼう》し排撃する主人の言葉を嫌って、その場から立ち去ろうとする。主人はこれを引きとめ、法然が浄土教の念仏を勧めるにあたって、大乗経と諸仏菩薩の信仰を否定する、『選択集』の主張をかさねて糾弾する。さらに、その教えによる信仰の迷妄《めいもう》が、やがては世情不安や災害を現実にもたらすことを、中国と日本の故事をあげて詳しく証明する。

客は、主人の説く『選択集』の誤りについてようやく理解を示し、「天下泰平《たいへい》、国土安《あん》穏《のん》は君臣のねがうところ、土民《どみん》の思うところ」であるから、「災を消し難を止むるの術あらば聞かんと欲す」と質問する。主人はこれに「謗法《ほうぼう》の人を禁じて、正道の侶《りょ》を重んぜば、国中安穏にして天下安穏ならん」と、正しい仏法の師を重んずべきことを示したうえで、仏法を破壊する「法然の選択」を排斥すべきことを強言する。悪法たる『選択集』の教えを断罪し、善なる仏法を貴び広めることによって、深刻な災難を払いのけ、国土安穏天下泰平の願いを実現するというのが、主人の主張である。ここにいう「善なる仏法」とは、「法華経」の信仰である。

主人の口を通して語らせた日蓮の主張を、客は「妄執すでに翻《ひるがえ》り、耳目数朗《ほぼあき》らかなり」と、快く了解した。主人はこれを喜んで、「鳩《はと》化《け》して鷹《たか》となり、雀《すずめ》変じて蛤《はまぐり》となる。悦ばしいかな」と感激して、いよいよ結論に入る。

国土を平穏に保ち、人々の現世と来世の平安を祈ろうとするには、まず悪法を退治して災難の根源を断ち切らなくてはならない。薬師経・大集経・金光明経・仁王経などの諸経典をみると、六難七難などの災いの起こる原因が説かれている。とくに薬師経には七難が挙げられているが、そのうち五つの難はすでに起こり、なお二つの難が残っている。それは、他国からの攻撃をうけ侵略される「他国侵逼《しんぴつ》の難」と、国内に内乱が続発する「自界叛逆《ほんぎゃく》の難」である。いますぐ国内の邪法を退治しないならば、この二つの難が競い起こって、国は滅亡の危機に直面するであろう。まさに亡国の予言である。

このように深刻な情況から脱するためには、一時も早く念仏の信仰を捨てて、法華経に帰依しなくてはならない。「汝、信仰の寸心を改めて、速やかに実乗の一善に帰せよ。しかればすなわち三界はみな仏国なり、仏国それ衰えんや。十方は悉《ことごと》く宝土なり、宝土なんぞ壊《やぶ》れんや。国に衰微なく、土《ど》に破壊《はえ》なくんば、身はこれ安全にして、心はこれ禅定《ぜんじょう》ならん」と、日蓮は法華経信仰による救いの境地を望見する。

最後に、客は主人のこのような説示を了解し、速やかに『選択集』の教えを排撃して太平の世を実現し、今生と後世の平安を求めることを誓う。さらに、法華経の教えを自分が信じるだけではなく、他の人の誤った信仰をもいさめることを明言して、『立正安国論』の対論は終わる。

勘文の呈上　文応元年（一二六〇）七月十六日、日蓮はできあがった『立正安国論』一巻を、得宗《とくそう》被官の宿屋《やどや》入道最信をとおして、幕府の実権をにぎる前執権北条時頼に呈上した。時に日蓮は三十九歳で、時頼は三十三歳であった。宿屋入道最信は、時頼が深く信頼を寄せた家臣の一人で、これから六年後にはその臨終の床に侍《はべ》ったほどの有力者である。

日蓮が時頼のもとに呈上した『立正安国論』の浄書本は、二十数紙の料紙をついだ「継ぎ紙」に、端正な楷書で本文を染筆《せんぴつ》したものを、そのまま巻いた体裁であった。これを時頼に差し出し、宿屋入道がその内容を簡略に説明した後で、まもなく日蓮に返されたとおもわれる。この一巻が聖典としての意味をもちはじめたときに、表紙と軸がつけられて巻《かん》子本《すぼん》として仕立てられたのであって、それはおそらく日蓮在世のときのことであろう。

日蓮の手元には原本が確保されていて、これをたびたび書写して檀越《だんのつ》に授与している。文永六年十二月八日に書写した『立正安国論』は、中山法華経寺に伝来して国宝に指定されている。これは全体で三六紙からなり、そのうち第二四紙の一紙が失われている。慶長六年（一六〇一）、当寺の住持であった日通が、身延本のこの部分を影写（透き写し）して補ったので、その原型がほぼうかがわれる。身延本は、一紙あたりの行数が中山本よりも三行少なく、慶長八年に身延山の住持日乾がまとめた『身延山久遠寺御霊宝記録』によると、全体で二〇紙、「立正安国論」の題号とあわせて四〇一行であった。また、「文応元年太歳庚申勘之」という後跋《ごばつ》があったことがわかる。

『立正安国論』を受け取った北条時頼は、綿々たる『立正安国論』の本文すべてを精読したわけではないが、その要点は自身の社会認識と政策に関連づけながら、大要を理解した。なかでも世情の深刻なありさまを述べた冒頭の部分は、善政理念にもとづく民政を意図する時頼にとって、まことに共感できたはずである。また、法然の『選択集』の教えいかんを問わず、念仏聖《ねんぶつひじり》の都鄙《とひ》にわたる自由な振る舞いはまことに憂慮すべきことで、弘長元年（一二六一）に出された「関東新政条々」においても、「念仏者事」という一条をわざわざ設けて、取り締まりの方針を示したほどである。したがって、この念仏の徒を排斥するという日蓮の主張も、規律正しい出家仏教を理想とする為政者にとっては、十分に

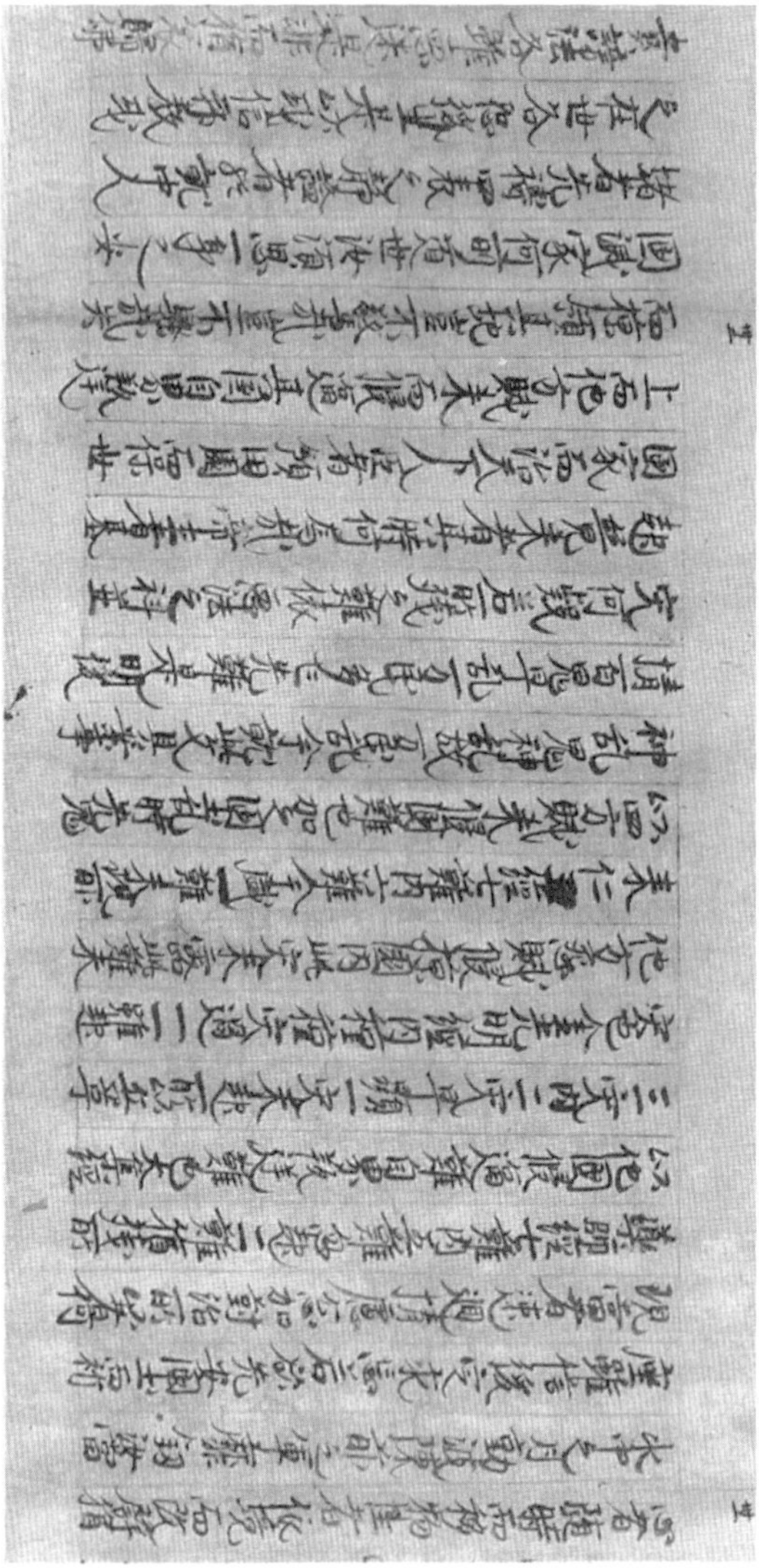

立正安国論（国宝　中山法華経寺蔵）　文永6年日蓮真蹟筆写本　2種の受難が予言されている.

うなずけることであったろう。

そのいっぽうで、他国の侵略と内乱の予言は、執権の座を退いて前執権になっても、なお実権を握っていた北条時頼にとって、心中を貫かれたような感じであったろう。当時の北条時頼は、得宗《とくそう》専制体制の急速な強化に成功し、幕府の権力基盤を固めていた時期であったが、内にはなおも内部抗争の可能性をはらんでいた。外には、強力な軍事力をもって大陸を制圧する、蒙古の威力をひしひしと感じていた時期でもあった。鎌倉を拠点とする日宋貿易の盛況によって、商人たちが大陸の状況を生々しく伝えてきたので、日本が高麗《こうらい》における と同様に侵略されることに、深い危機感を抱くようになっていた。このような情況下にあったから、日蓮が法華経にもとづく予言として、『立正安国論』のなかで主張する、「他国侵逼の難」と「自界叛逆の難」の二難の興起は、為政者にとって実感をもって受け止められた。とくに、蒙古の襲来に対する漠然たる不安を、仏の予言という形をとりながら、はじめて明言したのは日蓮であった。

松葉ヶ谷の法難

当時なおも不安感がただよう鎌倉の町の雰囲気のなかで、『立正安国論』における、法然の浄土教に対する糾弾の言葉は、浄土宗の信者に強い衝撃を与えることとなった。とくに北条時頼は蘭溪道隆《らんけいどうりゅう》に帰依し、建長寺の創建にみるように禅宗の出家仏教を理想としていたから、市中を遊行する浄土教の念仏僧は、けっして好ましい存在ではない。幕府の抑圧を恐れる浄土教の信者たちは、大挙して松葉ヶ谷にある日蓮の庵室を襲撃した。文応元年（一二六〇）八月二十七日のことと伝えられ、これを最初の受難たる「松葉ヶ谷法難《まつばがやつほうなん》」と呼ぶ。

この法難は、草庵の「焼き打ち」と伝承され、夜空に赤々と燃え上がる様子が、日蓮の伝記絵に描かれている。しかし、当時の幕府は社会の安定に心を配り、その前月には「国土安穏、疾病対治《しっぺいたいじ》」のために、大般若経転読《だいはんにゃきょうてんどく》の御教書《みぎょうしょ》を諸国守護人に宛てて出しているほどであるから、幕府のお膝下《ひざもと》での焼き打ち事件が起こるはずがなかろう。しかも、当時の寺院とその堂舎は独立度が高く、たやすく攻撃されたり、破壊されるものではない。もちろん、草庵焼き打ちの記事は、日蓮の遺文にも、『吾妻鏡』にもまったく現れていない。

襲撃を受けた日蓮は、危うく危機を脱して草庵を逃れ、当時の名越《なごえ》方面の防衛線である切岸《きりぎし》を越えて、房総方面に逃れた。下総の中山法華経寺には、日蓮がこのときに富木常忍《ときじょうにん》の屋敷に留まって、百日百夜の説法をしたという伝承がある。下総の国府あたりには、太田乗明《じょうみょう》・富木常忍・曾谷教信《そやきょうしん》らの信者があり、守護の千葉介頼胤《ちばのすけよりたね》は日蓮に好意的であったから、ある期間にわたって守護所の近辺に滞在したことは事実であろう。下総の地は、日蓮にとって安息の地であった。

日蓮が、このたびの法難から逃れることができたのは、けっして偶然のことではなかった。鎌倉で僧侶としての生活と活動をつづけるうえで、数人の弟子とともに身辺を常に守っていたのは、いったい誰であったろうか。下総が安息の地であったことから、千葉介頼胤とその家臣の役割を想定することができるであろう。また、鎌倉における日蓮が、豊かな内容をもつ法華経関係の著述を完成できた背後には、一切経や法華経をはじめとする、膨大な量の仏教書を提供しうる、天台宗の組織の支えを考えなくてはならない。寺院や草庵にしても、中世のアジール権をもっていて独立度が高く、これを容易に侵害することはたやすいことではなかった。鎌倉に進出した日蓮とその弟子たちは、けっして孤立してはいなかった。

そのいっぽう、日蓮の信者たちの属する階層は、有力な御家人の家臣（被官）がせいぜいであったから、その実力にはおのずから限界があった。しかし、かれらの多くは、守護や地頭に文筆をもって仕える家臣として、地域を越えた活動の場と連携をもっていた。千葉介頼胤の家臣である長専が、守護所にいる富木常忍と綿密な連携をとっていたことは、その一例である。

日蓮が草庵を襲撃されたさい、鎌倉を脱出して下総の守護所近辺にいざなったのは、一には房総の山岳信仰に連なる、天台宗の根強い勢力であったと思われる。日蓮の弟子に天台宗の出身者が圧倒的に多かったことは、この予想を裏付けてくれる。もう一つは、日蓮の活動を支持した守護や地頭の家臣、とくに千葉介頼胤の家臣たちであったろう。

法難を逃れた日蓮が、下総の守護所付近に赴いたことは、しかしながら房総の地に新たな問題をもたらすこととなった。それは、日蓮の宗教を対極とする、浄土宗ならびに浄土教を容認する天台宗との戦いが、ここにもたらされたことである。

継起する法難——伊豆法難と小松原法難

伊東への配流

鎌倉の松葉ヶ谷での襲撃から逃れ、下総の守護所あたりに滞留していた日蓮は、事の収まるのを待ってふたたび鎌倉に帰ってきた。しかし、鎌倉から房総地方に広がった浄土教徒との対立は、容易に解消するものではなかった。その「念仏」と呼ばれた浄土宗の僧侶たちさえも、鎌倉市中での布教がさまざまな制約を受け、活動がしだいに窮屈になっていた。

松葉ヶ谷法難の翌年、弘長元年（一二六一）二月二十七日、幕府は「関東御分寺社、殊に仏神事を興行すべき」ことを命じた。「関東新制条々」というのがこれで、神事や仏事をきまりどうりに行うべきことを定める一方で、道心が堅固でない破戒の僧は、鎌倉中を追放すべきことを命令した。さらに、僧徒が布で頭を包んだ裹頭《かとう》という姿で、鎌倉の市中を横行することを厳しく禁じている。これはけっして念仏僧に限るものではなく、鎌倉を活動の場とする日蓮の一門にとっても、まことに厳しい法令であった。全体で六一項目にものぼるこの「関東新制条々」は、鎌倉市中の治安維持に対する、幕府のなみなみならない熱の入れ方を、雄弁に物語っている。

その翌年の弘長二年（一二六二）二月に、奈良の西大寺を本拠にして、戒律の遵守《じゅんしゅ》を旗印にさかんな活躍をしていた叡尊《えいそん》が、北条時頼《ときより》の熱心な招きによって関東に下ってきた。叡尊を迎えた北条時頼は、これまで金沢の称名寺《しょうみょうじ》で行っていた、昼夜にわたって念仏を称え続けるという、不断念仏《ふだんねんぶつ》の儀礼を廃止して、この寺に招請しようとした。しかし、叡尊はこれを断って、鎌倉市中にあった無縁の釈迦堂に留まり、時頼と法談のうえで戒律を授け、しばらくののちに関東を後にした。建長寺の蘭溪道隆《らんけいどうりゅう》や西大寺叡尊に帰依《きえ》した北条時頼は、厳しく戒律をまもる出家仏教としての仏教を、理想的な仏教としての在り方と観念していたのである。

下総《しもうさ》から鎌倉に帰った日蓮にとって、すぐさま布教活動を開始するには、状況が厳しすぎた。鎌倉市中の道路の整備と秩序の立て直しが、「関東新制条々」に示されていることから、市内の警備態勢もかなり強化されていたと見なくてはならない。弘長元年五月十二日の日蓮の鎌倉追放は、鎌倉幕府の強力な方針がもたらした、このような政治情況のもとで起こった。これを「伊豆法難」と呼び、日蓮みずから「一谷入道御書《いちのさわにゅうどうごしょ》」の冒頭で、次のように述懐している。

　去ぬる弘長元年太歳辛酉《かのととり》五月十三日に、御勘気をかをほり《(こうむ)》て、伊豆国伊東郷というところに流罪せられたり。兵衛介頼朝のながされてありし処なり。さりしかどもほどもなく同き三年太歳癸亥《みずのとい》二月に召し返されぬ。

伊豆法難の日は、『昭和定本日蓮聖人遺文』所収の「一谷入道御書」によると、五月十三日となっているが、『報恩抄《ほうおんじょう》』によると十二日になっている。いずれも記載された部分が失われて、写本によらざるをえないが、今日では一般に十二日とされている。

伊豆法難

弘長元年の五月十三日から一年と九ヵ月、日蓮が伊豆の伊東で送った流人としての生活については、伝承のほかはほとんどこれを知ることができない。配流される日蓮を乗せた舟が、鎌倉の由比ヶ浜《ゆいがはま》を出港するとき、弟子の日朗《にちろう》が船のとも綱にとりすがって同行を求めた。すると船頭が櫂《かい》を振り上げ、日朗を打ちすえたので、腕を折られてしまったという。日朗はこれから腕が不自由となり、墨筆の文字もうまく書けなくなったと伝える。

やがて船が伊豆の岸に近づくと、船頭は日蓮を「俎岩《まないたいわ》」に置いたままで、こぎ去ってしまった。この岩は、干潮のときは姿を見せるが、満潮のときには海中に没するという、危険きわまりないものであった。いまや岩とともに水没しようとするとき、船守弥三郎という漁師が日蓮を助け上げ、海辺の苫屋《とまや》に招いて供養をつづけたという。

地頭の伊東八郎左衛門が重病にかかったとき、日蓮を招いて祈禱を頼んだところ、幸いに平癒することができた。この謝礼として、海中から網にかかってあがった立像の釈迦仏を捧げたという。この立像の釈迦は、後に京都の本国寺（後の本圀寺《ほんこくじ》）に伝わり、室町時代に日蓮宗の信者となった公家たちが、しばしば参詣している。

日蓮が流罪を赦《ゆる》された弘長三年（一二六三）は、ちょうど四十二歳の厄年《やくどし》にあたっていたから、伊豆流罪という大厄を乗り切った法力にあやかろうと、厄除け信仰が広まった。しかしながら、これらはいずれも後に生まれた伝承で、日蓮が流された伊豆国は「兵衛介頼朝のながされてありし処也」と、「一谷入道御書」に述懐しているほか、実のところ何もわからない。

弘長三年二月、北条時頼の命によって、日蓮は伊豆への流罪を赦《ゆる》されて鎌倉に帰った。松葉ヶ谷の受難から約二年半にわたって、鎌倉での活動ははかばかしくなかったはずであるし、幕府の状況もずいぶん変わっていた。前執権《さきのしっけん》の北条時頼は、同年三月十七日に、信濃国深田郷を善光寺に寄進して、その収益を金堂の不断経衆・不断念仏を行う費用にあてている。余命いくばくもないみずからの運命を見通して、来世往生の志を善光寺の阿弥陀如来に寄せたのであろう。

その年の十一月十三日、北条時頼の病状はにわかに重くなり、さまざまな祈禱が行われたが、その甲斐もなかった。十九日には臨終も近いと悟り、最明寺《さいみようじ》北亭に移って人々が見舞うことを禁じた。二十日からはわずか七人の者が側に侍《はべ》り、かつて『立正安国論』を取り次いだ宿屋左衛門尉最信も、その一人であった。

前執権北条時頼、出家して最明寺入道道崇《どうすう》が、最明寺北亭において三七年の生涯を従《しよう》容《よう》として終えたのは、二十二日の深夜、戌《いぬ》の刻であった。辞世の頌《しよう》は「業鏡《ごうきよう》高く懸《か》く三十七年、一槌打砕《いつついださい》、大道坦然《たんねん》たり」であった。執権としての善政理念の夢と、得宗《とくそう》として生きる現実との矛盾に悩みつづけた、短い生涯である。

『吾妻鏡《あずまかがみ》』の記事は、「武略をもって君を輔《たす》け、仁義を施して民を撫《ぶ》す。しかる間、天意に達し人望にかなう」と、称賛の言葉をおくっている。日蓮も、名君としての北条時頼の善政を期待してこそ、『立正安国論』を呈上したのである。「道俗貴賤、群れをなしてこれ（遺骸）を拝したてまつる」というなかに、日蓮の姿があったかもしれない。

故郷への旅

前執権の北条時頼が没すると、幕府の要人も急速に顔触れが変わり、やがて年号も文永と改まった。その八月十一日に、弱冠十四歳の北条時宗《ときむね》が連《れん》署《しよ》に就任し、執権の北条政村《まさむら》とともに、政権を担当することとなった。北条時宗の兄にあたり、日蓮が善政の夢を託していた北条時輔《ときすけ》は、六波羅探題《ろくはらたんだい》南方《みなみかた》に任ぜられて、その十一月に鎌倉を発って上洛する。こうして、北条時宗による得宗専制政治の体制は、着々と整えられていく。また、後に日蓮と深いかかわりを持つようになる平左衛門《へいさえもんのじょう》尉頼綱《よりつな》は、侍所《さむらいどころ》の所司で寄合衆の一人として、幕政のなかでしだいに勢力を持つようになった。

急速に移り行く鎌倉の政治情勢を見届けた後、日蓮は故郷への道をたどった。鎌倉から東北に向かって山道を進み、朝比奈の切通しをこえて六浦《むつうら》の港に至る。相模の鎌倉と武蔵の六浦を結ぶこの峠越えの道は、「六浦道」と呼ばれて、武士や商人たちの往来が頻繁な要衝である。この六浦道は、仁治二年（一二四一）に幕府の手によって開かれた新しい道で、現在の東京湾岸に位置する六浦（横浜市金沢区）は、鎌倉の外港としての役割を果たすようになっていた。とくに房総半島の諸地域とは密接な関係をもち、海上交通路がととのえられている。日蓮は、この港から船に乗って今の東京湾を渡り、対岸の上総《かずさ》あたりの港に着岸したのであろう。

上総に上陸して、山道を内陸に向かってたどると、山裾に領主が館を構え、小さな農民の家々が点在する。かつて、清澄《きよすみ》を追われた日蓮が、房総のあちこちにある天台宗の寺院をたずねたとき、常に見慣れた山間の農村の風景である。秋の取り入れが終わった村々をたどりながら南下して、やがて清澄山系の深山を越えると、海に向かって開けた安房の東条郷に出る。生家はその片海《かたうみ》の地にある。法敵に襲撃される危険を避けながら、数人の弟子をともなって、天台宗の寺院をたずねる旅であった。この時期については八月と十月の説があるが、米の収穫が終わり食料が豊かな十月と見た方がよかろう。数人で旅をするとき、食料が調達できることは、何よりも重要な条件であった。

日蓮は、文永十二年（一二七五）二月七日に「可延定業御書《かえんじょうごうごしょ》」と呼ばれる一通の書状をしたためて、身延の地から下総の富木常忍の妻にあたる尼御前に送っている。ここで日蓮は、人の病と業《ごう》について述べ、病身の尼に法華経を信仰する功徳《くどく》を説いて、みずからの体験を次のように語っている。

されば、日蓮、悲母をいのりて候しかば、現身《げんしん》に病をいやすのみならず、四か年の寿命をのべたり。

日蓮が法華経の功徳によって、死の床にあった母の病が治るようにと祈ったところ、現実に病を治すことができたばかりではなく、さらに四年もの寿命を得ることができた、というのである。法華経の力によって、蘇生の祈りが叶《かな》ったというこの物語は、日蓮が故郷を訪れた文永元年（一二六四）のこととみられている。

小松原の法難

文永元年には、故郷を訪れていた日蓮は、まったく予期しない受難を体験することとなる。その年の十二月十三日、まだ法難の傷が癒えない日蓮は、「南条兵衛七郎殿御書」と呼ばれる一書を、「なんでうの七郎殿」宛にしたためている。この書状のなかで、いわゆる小松原法難の実況を詳しく報じている。この記事によって、事件の大筋をうかがってみよう。

十一月十一日の宵闇《よいやみ》のなかを、日蓮の一行が東条の松原という大路にさしかかったところ、待ち伏せしていた数百人の浄土教の信者に、不意に襲撃された。日ごろから日蓮と対立していた、浄土教の信者で地頭の東条景信がみずから襲ったとされているが、実際には討手を差し向けたとも考えられる。わずか一〇人あまりの日蓮の一行にとって、武装をととのえた武士たちは、まさに数百人にのぼるものとさえ思えた。不意打ちした敵と戦える者は、わずかに二、三人足らずで、日蓮はにわかに孤立してしまった。

「射る矢は降る雨のごとし、打つ太刀は稲妻のごとし」というように、激しい戦闘がくり広げられた。弟子の一人は即座にうちとられ、二人は重傷を負ってしまった。まさに多勢に無勢である。伝承によると、このときに打ち取られたのは、弟子の鏡忍房《きようにんぼう》と信者の工藤吉隆《よしたか》と伝え、鏡忍房の遺跡には鏡忍寺が建てられた。

日蓮自身も、打たれ斬りつけられて重傷を負い、戦場を逃げまどった。幸いなことに夜の闇がその姿を隠してくれたので、九死に一生を得て逃れることができた。襲撃者側からみれば、とうとう日蓮を打ち損じてしまったのである。日蓮はこの事実をみて「いかが候けん、うちもらされていままでいきてはべり」と、この受難をくぐり抜けたことを、不思議なほどに感じている。日蓮の苦難を物語るように、この地方には「傷洗いの井戸」といわれるものがいくつか伝わっていて、房総地方を逃げまどった様子を伝えている。

しかしながら、この法難ははじめての殉教者を出し、日蓮みずからが深手を負ったこととして、重い意味をもつ出来事であった。法華経には、第四巻に「しかもこの経は、如来の現在すらなお怨嫉《おんしつ》多し、いわんや滅度《めつど》の後をや」とあり、第五巻に「一切世間怨多くして信じがたし」と語られている。ここには、法華経を信じこの教えを実践する者は、さまざまな難を蒙るべきことを予言されている。いまや日蓮の受難は、法華経の予言に叶うものであると受けとめられ、「いよいよ法華経こそ信心まさり候え」と、さらに固い決意を懐かせたのである。

東条松原大路におけるこのたびの受難を、「小松原法難《こまつばらほうなん》」と呼んでいる。日蓮はこのような壮烈な体験を踏まえて、「われ身命を愛さず、ただ無上道を惜しむ」といい、「されば日蓮は、日本第一の法華経の行者なり」という自覚を、その一ヵ月後には高らかに表明する。小松原法難は、日蓮の法華経の信仰を、さらに強固なものとした。

房総の逃避行

日蓮が善政を志向する君主として、大いなる期待をよせた北条時頼の死後、幕府はまだ十三歳の北条時宗を得宗としてたてる、新しい体制づくりに向かって歩み出した。幼いときから禅僧に親しんだ時宗ではあるが、とかくすると浄土教徒を批判する時頼に代って、政策を転換させることが望まれたことであろう。その翌年に、安房国松原で起こった、東条景信の日蓮襲撃事件には、このような幕府政治の動向に、鋭敏に反応した一面があったのではなかろうか。

日蓮も、このような危険を察知して、移動するには人目につかない宵のころを選んでいたが、襲撃した者たちもこの事情をよく知っていた。日の短い冬のころに、アウトサイダーの僧たちが、酉《とり》の刻に移動したであろうことは、建長五年（一二五三）に富木殿にあてた書状によってうかがうことができる。そのほか、編笠を深くかむったり、頭部を布で包む裹頭《かとう》をして往来したことは、幕府が出した禁令によってわかる。

小松原法難と呼ばれるこのたびの受難で、日蓮は思いのほか深い傷を負った。後年、日蓮は「聖人御難事」と題する遺文のなかで、「文永元年辛酉《かのととり》十一月十一日、頭にきず（傷）をかおり、左の手を打ちおらる」と述懐していて、頭と手に重傷を負っている。まさに死の危険に直面したわけで、文字通り身をもって虎口を逃れたのである。

日蓮の七回忌にあたって造立した、池上本門寺の祖師堂に安置する日蓮聖人木像は、在りし日の姿を忠実に写したものとして知られる。その顔の部分をよく見ると、左右の瞼《まぶた》の様子がわずかに異なり、右目の上にあたる眉間《みけん》に縦《たて》の傷が描かれている。また、日蓮生誕の地にある、小湊《こみなと》誕生寺の祖師堂に安置する日蓮聖人木像を修理したとき、後世の彩色をとり除いた後に、同様に眉間の傷跡が現れた。古い日蓮の木像には、このように眉間の傷がはっきりと描かれていて、小松原法難の熾烈《しれつ》な戦いの様子をよく伝えている。

深手を負った日蓮は、房総地方の天台宗寺院などに身を寄せながら、静かに負傷の手当てをつづけたのであろう。この地方の各地には、傷つける日蓮の物語が、数多く伝承されている。

このときに着けていた袈裟《けさ》が、中山法華経寺に伝来している。当寺の開山である日常が永仁七年（一二九九）に著した、『常修院本尊聖教事』と題する蔵書目録のなかに、「聖人御袈裟　一帖」とある。日常は、もとは富木入道常忍という日蓮の檀越《だんのつ》で、常に密接な信仰関係を持ちつづけた人物であるから、この記述は間違いないはずである。しかも、この袈裟を丹念に広げたとき、一部に血痕らしいシミがついていて、受難の激しさをよく物語っている。

やがて日蓮は、安息の地としてたびたび訪れていた、下総の八幡荘に赴いて傷の療養につとめたが、重い傷はなかなか癒えなかったとおもわれる。このとき滞在したのは、若宮郷にある富木常忍の館であったといい、日蓮と常忍の深い信頼のほどをかんがえると、十分うなずけることである。

下総での安息と信仰

下総の守護所付近には、日蓮を支える多くの檀越がいる。守護千葉介頼胤《ちばのすけよりたね》の家臣として信頼される富木常忍は、もう紹介ずみである。富木常忍の館に近い中山に住む太田乗明《じょうみょう》は、富山市の東南部にあたる、越中国太田《えっちゅうのくにおおたの》保《ほ》に地頭職《じとうしき》をもつ太田氏の一族である。下総に移って千葉介に仕えた後も、越中との関係を持続したようで、日蓮の「曾谷入道殿御返事」によると、文永十二年（一二七五）にはみずから越中に赴いていたことがうかがわれる。太田乗明も、富木常忍と同様に、千葉介の家臣であったと思われる。

下総国の在地領主と見られるのは、八幡荘曾谷郷の曾谷教信《そやきょうしん》と千田庄金原郷の金原法橋《かなはらほっきょう》で、御家人の八木式部大夫胤家《たねいえ》もいる。とくに曾谷教信は、日蓮から「観心本尊抄副状《かんじんほんぞんしょうそえじょう》」の本文のなかで、「大田殿」とともに「教信御房」と呼ばれ、教理に対する高い理解度に期待されている。金原法橋は、鎌倉時代初期に千葉介が千田庄を支配下にいれる段階で、その一族となり配下に属した。中山法華経寺の「日蓮筆要文紙背文書《ようもんしはいもんじょ》」には、金原左衛門尉胤長という人物が現れている。八木式部大夫胤家は、日蓮の遺文には直接現れてはこないが、現在国宝に指定されている『立正安国論』は、この人物に与えられたものである。胤家は、千葉氏の支族にあたる相馬氏で、『香取文書』には「地頭八木式部大夫胤家」と記され、幼少の千葉介頼胤の後見として重要な役割を果たしている。

今の中山法華経寺付近にある富木館《ときやかた》をたずねた日蓮は、守護の千葉介の有力な家臣に支えられながら、傷の治療と信仰の静かな日々を送る。下総の八幡荘は、日蓮にとってまさに安息の地であった。

このような生活をすすめる日蓮に、守護所の事務官僚をつとめる富木常忍は、筆記用の冊子を作って差し出した。提供を受けた日蓮は、これに仏教書の要点を抜き書きし、今日にその一部を伝えている。日蓮自筆の『双紙要文《そうしようもん》』『天台肝要文《てんだいかんようもん》』『破禅宗《はぜんしゆう》』『秘書《ひしよ》』という題名の、四冊の写本がこれで、中山法華経寺の聖教殿《しようぎようでん》に所蔵されている。

かつて山中喜八が、それぞれ文永七年（一二七〇）・文永六年・文永十二年・正元二年（一二六〇）に書写されたものと、筆跡によって断定している。しかし、弟子の筆跡を交えた共同作業による抄録をなしえたことは、小松原法難の後に下総に滞留したこの時期を除いて、ほかにありえないはずである。これらの書が早くから中山法華経寺に伝来し、日常が著した『常修院本尊聖教事』のなかに登録されていることをあわせ考えると、文永二年（一二六五）ころに富木常忍の館あたりで作成され、そのままここに留め置いたとみることも、あながち無理ではない。その筆跡を見ても、この説を否定するほどのことはなかろう。

小松原法難の後、深手を負った日蓮は、幾人かの弟子たちをともなって、下総の守護所あたりにたどり着いた。この地に住む檀越に守られて傷を療養しながら、弟子とともに仏教の研鑽《けんさん》につとめた。守護の千葉介頼胤は、このような日蓮の営みを黙認し、あるいは支持しつづけたものと思われる。

支援の冊子

昭和三十七年（一九六二）の十二月三日、中山法華経寺の聖教殿が開扉《かいひ》されたさい、前述の日蓮自筆写本から、百二十数紙にものぼる紙背文書を発見した。『中山法華経寺史料』に収めて全貌を発表したところ、各方面でずいぶん研究の対象とされた。日蓮の伝記も、明らかになった点も多い。この紙背文書というのは、袋綴じに仕立てられた冊子本の、内側になった方の文書のことである。

下総に来訪した日蓮は、富木常忍らに冊子の提供を求めた。経文などを抄録するためのノートブックを、用意してほしいというのである。守護所の事務を担当する家臣としての役割を負っていた常忍は、巻いて役所の書類棚に置いたり、木箱に入れてあった、用済みの文書を取り出して、冊子本の作成にとりかかる。

まず、文字の書かれた一紙一紙の料紙を、ていねいにシワを伸ばして、幾枚も積み重ねていく。次に、上から二紙ずつをとって、表にあたる墨付きの面を内側に合わせた、二紙のセットをいくつもそろえる。これにキリフキをかけながら何組も重ね、上下を板で挟んで重しを乗せる。こうして二、三日乾かすと、シワが伸びて使用にたえるようになる。こ

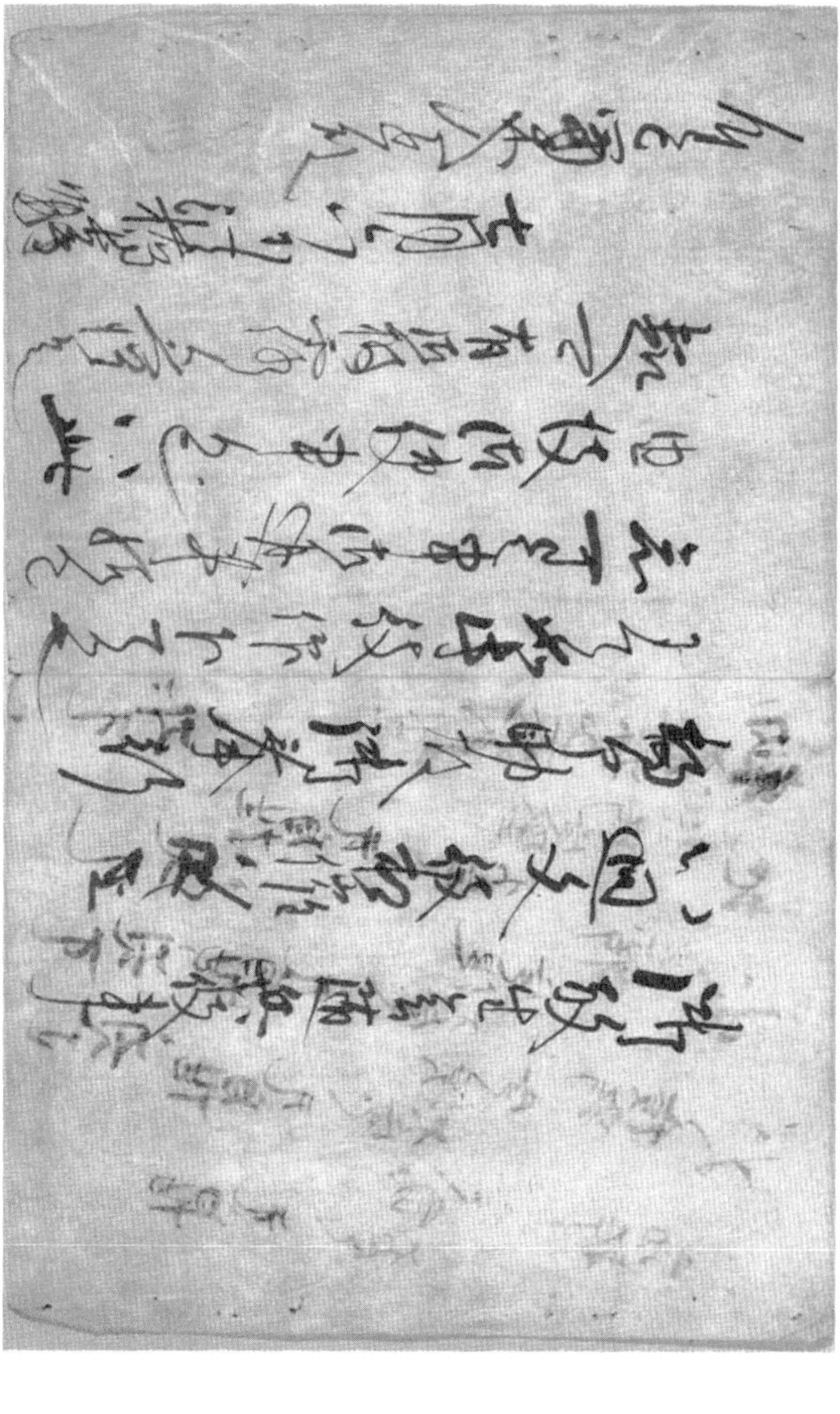

日蓮筆聖教『秘書』紙背文書「法橋長専書状」（中山法華教寺蔵）
富木常忍に宛てられた長専の書状が，反故になった紙背文書にみられる．

れを一紙ずつはがして、墨付きの面を内側にして二つ折りにし、同じ方向に重ねると、冊子の料紙の完成である。その折り目の方をあわせて、上下と横を切り揃え、紐で綴じると、白地のりっぱなノートブックができあがる。はじめは二ヵ所に簡単な仮綴じを施し、経典の抄録ができあがったところで、表裏に表紙をつける。これに和綴じの形式で本綴じを施したところで新しい一冊の冊子が完成する。

日蓮は、こうして作成された紙背文書のある冊子を、富木常忍から提供されて、弟子とともに経典の要文《ようもん》の抄出を精力的に行った。その紙背文書には、宝治二年（一二四八）から文永二年（一二六五）にいたる、約二〇年間にわたる文書が含まれていて、これらの要文集が文永二年ころ、日蓮の避難生活のうちに執筆されたことが窺われる。

日蓮の初期教団において、日蓮とその弟子ならびに檀越を交えた天台大師講《てんだいだいしこう》が、法華教学を中心とする仏教学研鑽の場となっていた。下総における日蓮のこのような研鑽の姿をみると、この地においてもこのような天台大師講が、すでに開かれていたとみることができよう。文永六年と推定される、六月七日付の「土木（富木）殿御消息」には、「今月の大師講の当番が明性房であるが、ちょうど差し支えがあるので、あなたではどうですか」という問い合わせが記されている。この書状は折紙《おりがみ》の形式をとっていて、口上でよいのだが念のためにという、薄礼の書といわれる形式である。富木常忍は千葉介の事務担当者で任地を離れることが困難であったから、日蓮が下総に滞留していたときの書状とみることも、あながち無理なことではなかろう。

小松原法難につづく下総での療養の一年は、日蓮とその弟子や檀越にとって、まことに充実した時期であった。やがて本復した日蓮は、房総地方の天台宗寺院をたどって各地を訪れた後、文永三年の春には鎌倉へ帰って来た。その鎌倉には、さらに大きく深刻な問題が、日蓮を待ち受けていた。

蒙古襲来の予言

鎌倉の庵室

文応元年（一二六〇）の『立正安国論《りっしょうあんこくろん》』呈上から、鎌倉の草庵襲撃事件、伊豆法難、小松原法難と、四年間のうちに激しい法難の日々が、目まぐるしく過ぎ去って行った。やがて文永三年（一二六六）の春のころ、日蓮はふたたび鎌倉の庵室《あんしつ》に帰ってきた。当時の鎌倉では、年若い北条時宗《ときむね》を得宗《とくそう》としてたてる北条氏が、幕府での勢力を急速に伸ばし、ついには将軍宗尊《むねたか》親王にかえて惟康王《これやすおう》を将軍職につけた。時宗も、連署《れんしょ》の地位にのぼり、相模守を称することとなる。

ところが、鎌倉の市中では不穏な動きが頻発し、社会不安をあおった。とくに、文永三年の六月末から七月はじめにかけて、甲冑《かっちゅう》をつけた近国の武士たちが、大挙して鎌倉の市中に入って騒動を起こした。このため、町の人々は戦場になるのを恐れ、家屋を破壊したり資材を運び隠したりして、巷間《こうかん》は深刻な不安に満ちていた。これは、将軍の交替を機に、名越《なごえ》氏が北条得宗家に対して起こした、示威行動につながっていく。

このような時世に、日蓮は下総から鎌倉に帰り、庵室に落ち着いたが、すぐに布教活動を始めることもできず、静かな一時を過ごした。その庵室のありさまは、後に「神国王御《しんこくおうご》書《しょ》」にいうように、「小庵には釈尊を本尊とし、一切経を安置」していた。もちろん、このほかにも法華経の版本や写経をはじめ、諸経の抄録が置かれて、弟子たちの修学に供されていたはずである。ただし、小庵といわれる堂の規模からみると、一切経といっても全巻が揃っていたのではなく、「五部大乗経」のような、一部の重要な経典と経律論の抄録などが、巻子本《かんすぼん》や冊子本の形で所蔵されていたとおもわれる。

日蓮は、ここで弟子や信者たちとともに、朝夕の読経と、法華経の教理の修学に日を送ったことであろう。日蓮の弟子はもちろん、信者たちの仏教に関する知識の高さは、このような機会を逃さないで研鑽《けんさん》を行った成果である。現在、中山法華経寺には、釈尊説法の順序やその要点などを表示し、法華経の優越性を述べた「一代五時図」二巻と、日天と月天についての解説表「日月之事」の一書が伝来している。また、静岡県の西山本門寺には、「浄土九品之事」と題する図があり、その一部には天地を逆にした書き入れがある。これらは文永五年（一二六八）前後に執筆されたものといわれるが、身辺が静かであった文永

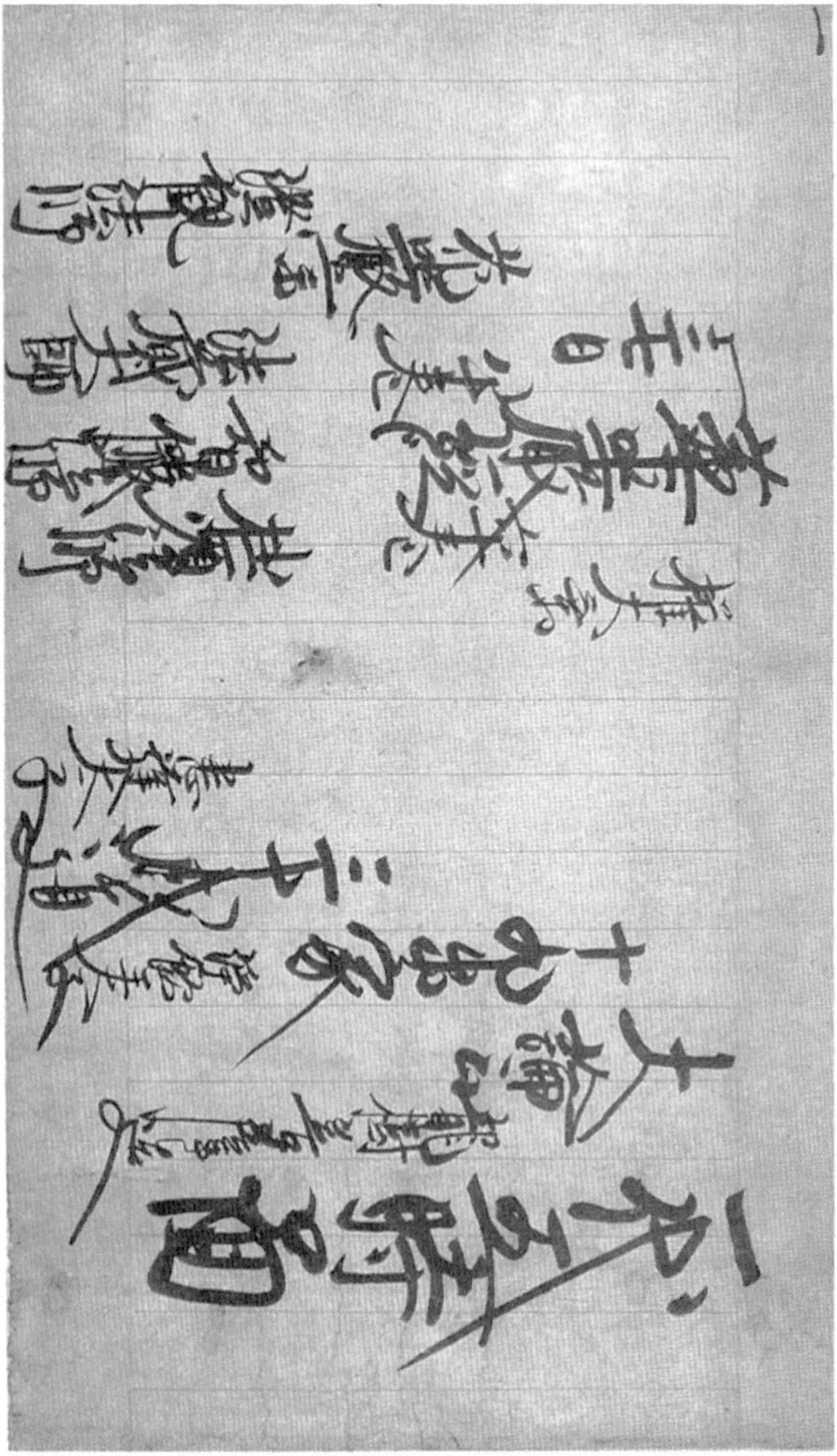

五時図（重文　中山法華経寺蔵）　仏の教えが説かれた順序と要点，後世に伝わった経路や相承の人師などを図示する．

三、四年ごろに、弟子の教育のために作られたものと見たい。

狭い文机の上に開かれた教材には、巻子本の法華経が常に備えられ、ときとしては冊子の体裁に仕立てられた要文《ようもん》の抄録が準備される。今日の黒板にあたるものが、仏教伝来の図表や仏教語彙《ごい》の表である。その形は長く紙を継いだ巻子本や、一紙ごとにまとめた一紙要文などで、あたかも今日の大学での授業と同様である。机をはさんで弟子と向かい合い、広げた図表を指し示しながら講義をつづける日蓮の姿を、彷彿《ほうふつ》とさせるではないか。

最近、池上本門寺の文書調査を実施したおりに、当寺に安置する有名な日蓮聖人木像の持経を見ることができた。それは妙法蓮華経巻第六の写経であって、おそらく造像の当初から左手に持っていたはずで、第二次世界大戦の戦災を蒙る前までには、木像の前に置かれた経机にあと七巻の経本があったという。紺紙《こんし》に金泥《きんでい》で経文を書写した、いわゆる紺紙金泥の妙法蓮華経で、平安時代後期の装飾経である。日蓮が大事に持っていたこの写経を、七回忌のときに造立した日蓮聖人木像の手に、大事に握らせたのであろう。

鎌倉の小庵は規模も小さく、大勢の弟子たちを収容するわけにもいかないので、幾人かの弟子が交替で訪れて、日蓮のもとで殿居《とのい》をしていた。後にみる、身延の墓所を輪番で守ったり、中山の聖教《しょうぎょう》を納めた書庫に殿居をつとめることなど、これを予想させる事例は多い。このような仕来《しきた》りは、当時の武士社会で広く行われた、主家での殿居や御館番《おやかたばん》などの慣例に習ったものであろう。しかしながら、日蓮の身辺は、このくらいの固めではまったくといってよいほど無防備であったから、これを支えるなんらかの勢力を、ほかに予想しなくてはならない。

体制外の立場に

日蓮の僧侶としての出発は、天台宗の山林修行を身上とする、浄土教信仰の世界においてのことであった。比叡山に遊学したおりも、この性格は基本的に変わりはなく、一時期の密教への傾斜もこの延長線上に理解できる。法華経の信仰を宣言した後も、建長六年（一二五四）六月二十日には密教の「不動・愛染感見記」を著し、生身の不動・愛染の図像を描写して、新仏《しんぶつ》に授与している。

このような山林修行を行う僧侶は、当然のことながらきわめて行動性に富み、大寺院を拠点にした広い範囲の組織をもって活動する。日蓮が、清澄山《きよすみやま》を退出した後にとった行動をはじめ、鎌倉に出て小庵に住居を定め、松葉ケ谷《まつばがやつ》・伊豆・小松原の法難を、身をもって逃れることができたのは、アウトローとしての性格をもつ山林修行者の世界に、深くつながった一面を持っていたからにちがいない。

そのいっぽうで、比叡山に遊学した日蓮は、法華経教学の高い知識と学解を身につけた、正統な学僧としての立場を堅持していた。三十九歳のときに著した『立正安国論』は、その該博な仏教の知識もさることながら、四六駢儷体《べんれいたい》と称する流麗な文調が見事である。このような才能を誇る日蓮が、天台宗の復興者として期待されるのも当然であろう。伝道活動に乗り出した当時の日蓮は、この二つの性格を合わせ持っていた。

しかしながら、松葉ヶ谷・伊豆・小松原の法難を体験した日蓮にとって、天台宗のこのような期待とはまったく縁のないものとなっていた。鶴岡八幡宮の供僧《ぐそう》をはじめ、恒例と臨時とを問わず、幕府の行う仏事を執行する僧侶にとって、法華経よりほかの経典による祈禱の効験《こうけん》を否定する主張は、けっして肯定できるものではなかった。日蓮は、幕府が弾圧の挙に出たとき、幕府の正統をもって任じる諸宗派に対して、自他ともにアウトローの立場を確認せざるをえないという、決定的な状態に追い込まれる。

幕政そのものも、日蓮が善政の期待を寄せた北条時頼の没後、より強力な得宗専制政治へと、急速に変化していった。文永元年（一二六四）、北条時宗の兄時輔が、六波羅探題南方に任ぜられて京都に旅立つと、北条政村が執権となり、時宗が連署の地位についた。日蓮にとっては、時頼の資質をうけた聡明な人物で、善政の期待をいだいていた時輔の上洛が、時の移ろいを実感させたはずである。

深刻な法難を体験した後、幕府の内部に理解者を失った日蓮の立場は一転し、厳しい対応を迫られることになる。とくに、得宗の被官であった平　頼綱《たいらのよりつな》が、幕政のなかで急速に実力をもつようになり、これからの運命に重要な影響を与えることとなった。日蓮の安息の日々も、そう長くはつづかない。

蒙古の使者来日

日蓮は、文永三年（一二六六）正月六日には、安房国の清澄山で「法華題目抄」を著し、その正月十一日には同国保田《ほた》で「秋元殿御返事」をしたためている。小庵に帰って来たのは、それから間もないころのことであろう。蒙古のフビライが、国信使を日本に派遣しようとして失敗したのは、この年の八月のことで、日本をめぐる国際情勢は、いよいよ緊迫の度を増しつつあった。これらの情報は、日本と南宋との密接な交渉関係によって、豊富にもたらされていたはずである。

日蓮をめぐる伝説で、船中問答の話がしばしば語られる。長い船旅のなかで、他宗の僧や信者と法論をした末、相手を論破して信者にしたという話である。まことにありそうなことではあるが、ここで注目されるのは、むしろ海運業者や旅人との深いかかわりを暗示していることである。日蓮が房総地方との往来に利用した港は、鎌倉の外港として繁栄をとげつつあった六浦の港で、その商圏は東国の範囲をはるかに越えて、近畿地方の港にまで達していた。日宋《にっそう》貿易の盛行を考えると、この港で得られる情報の範囲は、はるか大陸にまで及んでいたはずである。日蓮は、当時の国際関係について、けっして無関心ではいられなかった。そのうえ、帰って来た鎌倉の地も、ともすれば不穏な動きが表面化する、危機的な情況にあった。

文永三年七月四日、将軍宗尊親王《むねたかしんのう》が職を追われて帰洛するとき、名越教時《なごえのりとき》が甲冑《かっちゅう》に身を固めた軍兵数十騎を召し連れて、薬師堂谷の自亭から塔辻の宿所まで赴いた。北条時宗は、このような行動を制するよう命じたが、なんら陳謝することもなかった。得宗家に対する名越氏の公然たる抵抗の姿である。鎌倉に帰ってまもない日蓮は、このようなありさまを見て、みずからが予言した「自界叛逆の難」の兆しを感じ取った。

このころの鎌倉幕府では、訴訟制度をはじめとする改革が急速に進み、得宗家への権力集中が顕著になった。このような情況のなかで文永四年も暮れ、文永五年（一二六八）になると、未曾有《みぞう》の事件が政界を揺るがすことになる。この年正月、前年の至元三年八月付の蒙古の国書が、高麗国使《こうらいこくし》の潘阜《はんぷ》によって大宰府にもたらされた。国書が鎌倉幕府に届いたのは、翌月の閏《うるう》正月のことである。

国書の内容は、蒙古の皇帝が居丈高に、日本と「問を通じ好《よしみ》を結びて、以って相親睦《あいしんぼく》ならん」ことを求めている。このことを聞いた日蓮の反応は早く、『立正安国論』で予言した「他国侵逼《しんぴつ》の難」の予言が的中して、その侵略が現実のものとなったとして、新たな行動を起こす。

かつて身延山久遠寺《くおんじ》には、「安国論副状《そえじょう》」と称する、日蓮真蹟《しんせき》の断簡《だんかん》があった。明治初年の大火で惜しくも焼失したが、当寺第一一代の日朝が著した『安国論私抄』には、この部分が「当山に御坐す安国論真筆の奥にこれあり」と記している。この身延本『立正安国論』も大火で失われたが、跋文《ばつぶん》として付け加えられたのであろう。これには、まず「いまだ見参に入らずといえども、ことに触れ書を奉るは、常の習いに候か」とあり、続けて『立正安国論』の撰述と、最明寺入道への呈上の次第を述べている。日朝の記述によって、蒙古の国書がもたらされたのを機に、ふたたび『立正安国論』を幕府の要路に呈上したという説があるが、どうであろうか。

予言的中の主張

予言の的中によって信仰の確信を得た日蓮は、さらに激烈な伝道活動を展開する。その四月五日には、幕府の要路に関係ある人物とみられる法鑒房《ほうかんぼう》に対して、「安国論御勘由来《ごかん》」と称する書を送っている。この書は「土台《どだい》」といわれる文書の草案で、中山法華経寺に伝来している。元来、私文書に記す日付には月日だけで、年紀は省略される。また、文書の草案や控えには花押《かおう》を書かないのが慣例である。ところが、私文書には使用されないはずの「文永五年」という年紀が記入され、しかも署名の下に日蓮の花押が据えられている。とにかく草案としては型破りな形式の土台である。これには、法鑒房に差し出した本書と同じように、深い意味合いを込める意図があったに違いない。日蓮はこの書のなかで、蒙古の襲来を一連の災難に位置づけて、仏教の立場にたっての意味あいを語る。

正嘉《しようか》元年（一二五七）八月二十三日の夜に襲った正嘉の大地震、同二年八月一日の「諸国田園悉《ことごと》く以て損亡」（『吾妻鏡《あずまかがみ》』）といわれるほどの大風、同三年の大飢饉、正元元年（一二五九）から二年にかけての大疫病によって、万民の多くが死の淵に臨んだ。国主はこれに驚いて、神仏に祈禱を捧げるが、災いはかえって増すばかりである。そこで、日蓮は『立正安国論』を著して、文応元年（一二六〇）七月十六日に最明寺入道北条時頼に奏進して、治難の方策を進言した。

日本に仏教が渡来してからの歴史を省みると、仏法が興隆の道を着実に歩んだが、建仁年中になって法然が現れて浄土宗を広め、大日房が禅宗を興した。このために、国土を守護すべき善神が威光を失ってしまい、悪鬼が跳梁《ちようりよう》して災難を起こすようになった。次々と競い起こる災難は、「他国よりこの国を破るべき先相」であると『立正安国論』で主張した。これを裏書きするように、文永元年（一二六四）七月五日に彗星《すいせい》が東方に現れ、その余光が一国の長さにわたるほどという凶事が起こったが、だれもその原因を知るものはいなかった。

日蓮が『立正安国論』と題する勘文《かんもん》を呈上してから、九ヵ年をへた今年の閏正月、大蒙古国の国書を目の前に見た。それは、あたかも二つに割った割り符の印が一つにあうように、日蓮の勘文にぴったりと一致した。このような災難を払う方法を、叡山を除いて日蓮

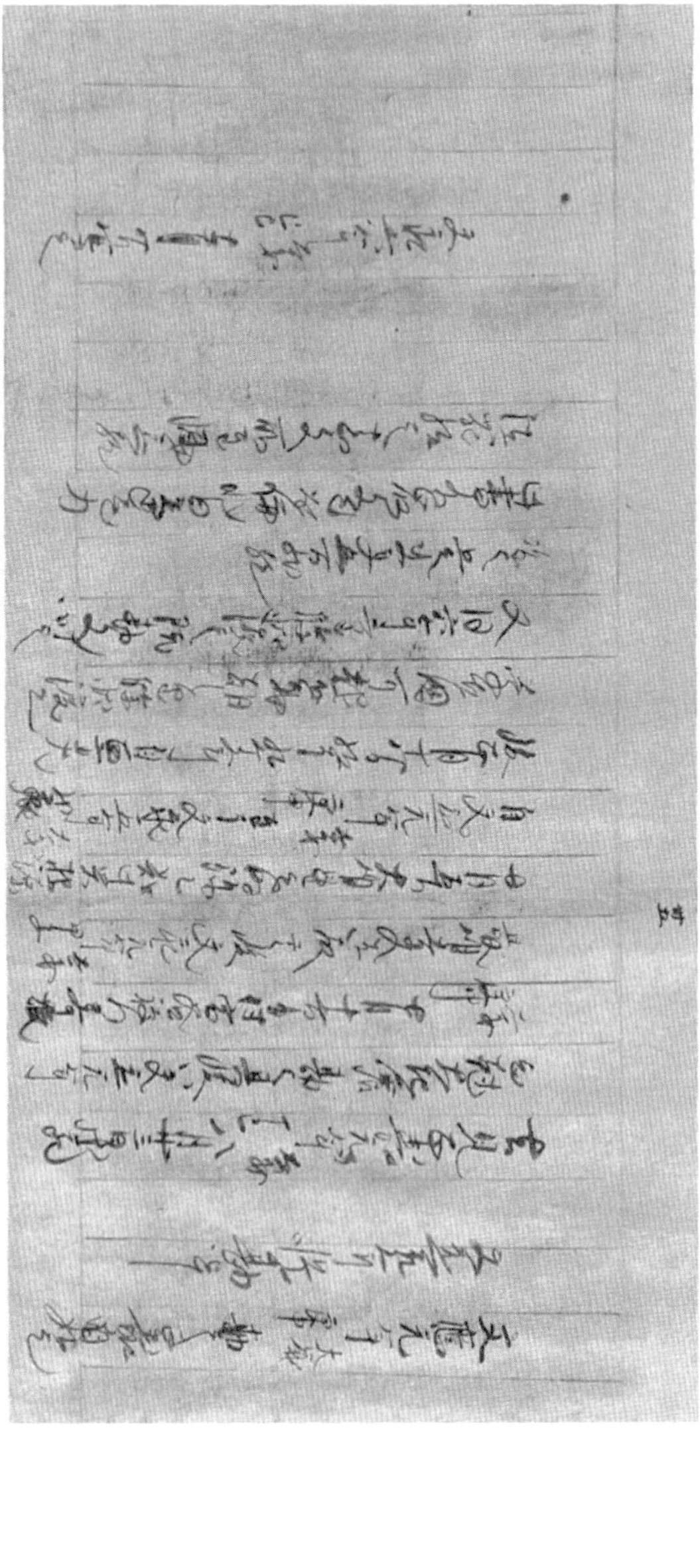

立正安国論（国宝　中山法華経寺蔵）　文永6年筆写本
文永6年12月8日に記された跋文で，本書の叙述の事情と予言の的中を明言する．

ただ一人が知っている。

蒙古の来牒《らいちょう》が、『立正安国論』の予言に見事に合致したことを述べ、その要旨と対処の方法を述べたのが、「安国論御勘由来」である。その方法とは、浄土教や禅宗の信仰をやめて、法華経の信仰に帰入することである。この趣旨を進言する相手は「法鑒御房」であり、山川智応はこの人物を幕府の侍所所司《さむらいどころしょし》をつとめる平盛時《たいらのもりとき》のこととする。書状の文末には「復《ま》た禅門に対面を遂ぐ、ゆえにこれを告ぐ」といっているから、禅門すなわち法鑒房に面会するときの用意に「安国論御勘由来」をしたためたのである。

日蓮は、蒙古の国書が鎌倉幕府に届いた年、文永五年四月五日、『立正安国論』を書写して後跋を付け（「安国論副状」）、「安国論御勘由来」一書を添えて、侍所所司の平盛時に対面して提出しようと試みたと思われる。しかし、これが果して成功したかどうかはわからない。また後世に、日蓮の後継者らが、天皇や室町幕府の将軍に法華経の信仰を進言するとき（これを諫暁《かんぎょう》といった）、『立正安国論』の写本に自筆の「申状《もうしじょう》」を添えて提出しているのは、このような例にならってのことであろう。

「十一通の御書」

他国侵逼の難という予言が的中した後、日蓮の活動はにわかに盛り上がりを見せ、文書による幕府要路への働きかけの形で進行する。文永五年（一二六八）の秋八月、かつて『立正安国論』を北条時頼に取り次いだ宿屋《やどや》左衛門入道に、蒙古襲来の受難について執権北条時宗への内奏を求めたが、何ら返事を得ることはできなかった。

その十月十一日、日蓮は改めて書を宿屋入道に託し、三月に執権となったばかりの、十八歳の若き北条時宗への取り次ぎを依頼した。その文言のなかで、「万祈を捨てて、諸宗を御前に召し合わせて、仏法の邪正を決」することを求めている。ほぼこれと同様な内容の書状を、宿屋入道・平頼綱・北条弥源太・建長寺道隆《どうりゅう》・極楽寺良観《りょうかん》・大仏殿別当・寿福寺・浄光明寺・多宝寺・長楽寺に送った。全体で一一通に上るので、これらを「十一通の御書」と称している。

ところで、「十一通の御書」はすべて原文書が失われて、近世に編纂《へんさん》書写された、京都の本満寺本に収められているだけである。これを疑う向きもあるが、宿屋入道への働きかけをみると、史実にまちがいないとおもわれる。これらの書状には、蒙古からの国書が到来したことを、日本が蒙古に侵略される徴《しるし》であると受けとめ、この災難をおしとどめることを繰り返し主張している。

もたらされた蒙古の国書をよく読むと、ただちに全面的な武力侵略を予告したものではなく、平和裡に解決する方法は十分にありえたであろう。これに対して、幕府はその要求を、拒否して回答を送らず、武断的な軍事防衛の方策を立てはじめた。日蓮は、この国書をそのまま武力による「他国侵逼の難」と捉え、法華経信仰の功徳によって災難を払い、この国を安泰にすることを主張した。幕府と日蓮は、ともに蒙古の国書を侵略の宣言と理解し、政治と宗教とその立場を異にするものの、災難をとめる方策を求め主張する点において、両者の情況判断は見事に一致していた。

しかしながら、日蓮の蒙古襲来についての見解が、幕府が正統と見なす仏教信仰を、亡国の悪法として排除すべきことを求める、批判的な行動として現実化するとき、反体制的宗教運動として受けとめられるようになる。厳しい糾弾《きゅうだん》の言葉を投げかけた、「十一通の御書」の宛名にみる、建長寺道隆・極楽寺良観・大仏殿別当・寿福寺・浄光明寺・多宝寺・長楽寺等は、幕府の体制的仏教をそのまま体現するものであった。この意味で、「十一通の御書」は、日蓮の反体制仏教としての立場を、教団の内外に明言したことになる。

危機のなかで

支援組織の完成

鎌倉における日蓮の活動を支えていたのは、各地に組織されていた小規模な檀越《だんのつ》の信仰集団であった。日蓮が下総《しもうさ》の太田乗明《じょうみょう》に宛てて、「すでに年五十におよびぬ、余命いくばくならず」と述懐する、文永七年（一二七〇）十一月二十八日付の「金吾殿御返事」には、「大師講《だいしこう》鵞目《がもく》五連《ごれん》給《た》び候いおわんぬ」とある。この大師講は、中国における法華経教学の大成者である、天台大師智顗《ちぎ》の命日にあたる十一月二十五日にちなんで、毎月二十四日に営まれる信仰と学習の会である。太田乗明はこの運営費として、銅銭を五連、すなわち五〇〇〇貫という大金を鎌倉に送り届けている。

同じころ十二月二十二日付「上野殿母尼御前御書」には、白米一斗の供養を受けた礼が述べられ、「鎌倉は世間かつ（渇）して候、僧はあまたおわします。過去の餓鬼道の苦をばつぐのわせ候いぬるか」と謝意を表している。信者の現物の供養が、鎌倉における一門の僧侶の生活を支えた。こうして、鎌倉を舞台とする日蓮とその一門の活動を支援する、広範囲にわたる組織が急速にととのえられた。そのうえ、北条得宗《とくそう》家と対立関係にある、名越流《なごえりゅう》北条氏の隠れた援助を予想できそうである。

日蓮は、北条時頼《ときより》の長男として生まれながら、北条時宗《ときむね》の脇役となった時輔《ときすけ》に、好意と期待を寄せていた節がある。時宗が文永五年（一二六八）に執権《しっけん》になると、時輔はこれに不満をいだくようになり、北条得宗家と意見が対立していた、名越流北条氏に近づいたといわれる。

文永九年（一二七二）二月の二月騒動は、北条時輔と名越時章《ときあき》・教時《のりとき》兄弟が幕府によって打たれた事件で、複雑な幕切れとなった。これから半世紀の後、日蓮宗の強烈な信者であった千葉胤貞《ちばたねさだ》が、中山法華経寺《なかやまほけきょうじ》日祐《にちゆう》に宛てた元応二年（一三二〇）十二月一日付の譲《ゆずり》状《じょう》に、「亡父ならびに名越殿遺骨を置きたてまつるの間、殊にしう心候」としたためている。胤貞の亡父とは千葉介宗胤《ちばのすけむねたね》で、祖父は下総の守護職を勤める千葉介頼胤《よりたね》であり、日蓮に好意をいだいた人物である。千葉氏一族がこのように「名越殿」と呼ぶ人物は相当な家柄であるはずであるし、これに名越流北条氏をあてるには無理がない。この事実によって、日蓮の一門と名越氏とは密接な関係にあったとみられ、これが鎌倉の宗教関係に影響を持ったことはもちろんであろう。あるいは、鎌倉での日蓮の身辺が無事に守られていたのは、名越流北条氏一族の力によるものかもしれない。

蒙古の国書が鎌倉に届いてから、幕府もこれといってよいほどの有効な手を打つことができず、暗雲が深くたれこめたような、重苦しい日々が際限なくつづく。このなかで、他国侵逼《しんぴつ》の難の的中に自信を得た日蓮は、幅広い支援者の支えを得ながら、仏教研鑽《けんさん》に不断の努力を怠らなかった。

仏教の研鑽

日蓮の庵室《あんしつ》には、まだまだ十分な仏教書がととのっていなかったので、弟子の教育や講《こう》会《え》のさいには、教科書にとかく不足を感じた。このため、弟子たちに命じて聖教《しょうぎょう》を集め、これを指示に従って抄録させ、日蓮自身が加筆して図書の充実につとめた。また、弟子たち自身も、基本的な仏教の書籍は常に携《たずさ》えて、日夜学問を怠らないように命じている。このような不断の精進こそが、伝道活動のなかで他宗の僧侶との対論に勝ち、試練に耐え抜く力を養うことであった。

聖教の書写によって収集された多くの仏教書は、蔵書目録を作成して鎌倉の庵室に所蔵するいっぽう、諸地方にある檀越の館に分散して管理される。日蓮や弟子たちがその地を訪れて講会を催すさいには、教科書として大いに用いられた。日蓮自身も、著述などのさいには折紙の書状を弟子に宛ててしたため、これを持参させるのが常であった。このような分散保存の方法は、蔵書の危機管理として有効であるとともに、広い範囲にわたる研鑽の場を確保する目的に叶《かな》うものであった。

講会を催すさいには、釈尊の木像と法華経を安置し、ときには天台大師や法華経の守護神などの絵像を掛け、香・花・灯明を供え、法華経を読誦し「南無妙法蓮華経」の題目を唱えて、有縁無縁《うえんむえん》の成仏得道を祈る。その後で、法華経をはじめ、法華玄義《ほっけげんぎ》・法華文句《もんぐ》・摩訶止観《まかしかん》の「天台三大部《てんだいさんだいぶ》」や、インド・中国・日本の三国にわたる仏教史など、多彩な講義と書籍の輪読が行われる。主知的な雰囲気に満ちた仏事である。

日蓮の講席に連なる人々の姿は、武士の館で家子《いえのこ》・郎等《ろうとう》が出仕して、主人の前に伺候《しこう》するありさまを想像すればよかろう。上位の弟子が日蓮のすぐ前面を占め、新発意《しんぼち》の僧が末席に侍《はべ》って、講義を聴聞する。現存する日蓮の真蹟《しんせき》で、内容が一紙ごとにまとまった抄録（一紙要文《ようもん》）、冊子本《さっしぼん》に記された仏教書の要文（要文集）、巻子本《かんすぼん》に図示された仏法の系統図（図表）などは、すべて文字が際立って大きい特徴がある。これは、並み居る弟子や信者たちに、要文や図表を指し示す必要があったからである。

この時期の後五年の間、日蓮が著した著書や図表、差出した書状などをみると、その引用した書籍はじつに多種多様である。もちろん日蓮がこれらをすべて読破したというのではなく、その多くがみずからの抄録であったり、他の書からの再録と見てよかろう。それ

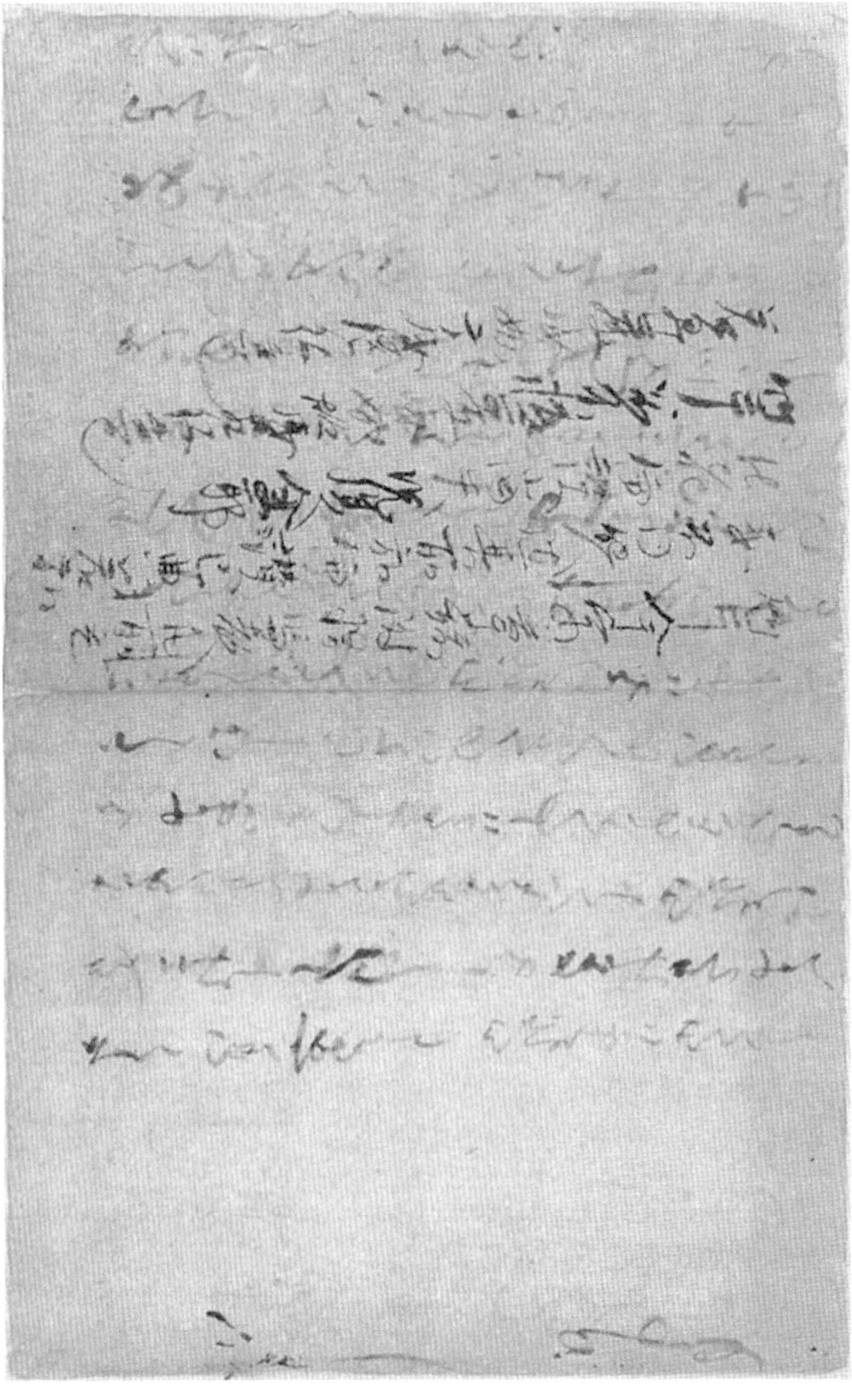

日蓮筆聖教『雙子要文』（中山法華教寺蔵）　紙背には富木常忍宛の書状などがあり，現在の表面から透けて見える．

にもかかわらず、社会的な緊張が長くつづく情況下にあって、その営みはまことに驚嘆すべきことである。

『立正安国論』の書写

蒙古の国書が鎌倉に届いた翌文永六年（一二六九）、蒙古の使者が日本にやって来た。三月七日、蒙古の使者黒的《こくてき》らが、高麗から対馬に来航して返牒を求めたが、目的を果たさず島民二人をさらって帰った。ついで九月十七日に、同じく蒙古の使者金有成《きんゆうせい》と高柔《こうじゆう》らが対馬に来て、島民二人を返し重ねて返事を求めたが、またもや失敗に終わった。これは、幕府の既定方針ではあったが、蒙古襲来の恐れがしだいに現実味を帯びるようになり、社会不安はさらに深刻となる。

このような重苦しい雰囲気のなかで、日蓮に蒙古襲来の予言を求めて、人々は庵室を訪れた。鎌倉における日蓮の教団が、もっとも拡大し充実した時期である。日蓮はこの要請に応え、『立正安国論』を掲げながら「他国侵逼の難」の予言的中を叫び、法華経信仰を説きつづけた。後に日蓮が「神国王御書」において、「天に向かい声をあげて申さく」といっているように、中天にかかる太陽に向かって、善神の守護を求める言葉を、実際に高声に叫んだに違いない。

千葉氏の支族の相馬《そうま》氏一族で、下総国相馬の在地領主であった、八木式部大夫胤家《たねいえ》が日蓮に近づいたのは、このような情況のもとでのことである。胤家は、蒙古が襲来するときには、まず出陣して命懸けで戦わなくてはならない、みずからの武人としての運命に思いを致し、日蓮に新たなる予言を求めたのであろう。これに応えて、かねての勘文『立正安国論』を書写して胤家に与えた。幕府が、蒙古の使節が要求する返牒を拒絶し、いよいよその襲来の恐れが深まった文永六年、釈迦が悟りを開いて成道《じょうどう》したという十二月八日のことである。

日蓮は、手元にある『立正安国論』の原本をもとに、八木胤家のための筆写本を、厳粛に筆写した。陰に陽に支持を受けている千葉介頼胤の、有力な支持者であった八木氏からの要請であるだけに、その書き出しではずいぶん緊張した様子がうかがわれる。現在は中山法華経寺に所蔵され、国宝に指定されているのが、この真蹟の筆写本（口絵参照）である。筆写が完了すると、八木胤家を庵室に招いて、仏前において手ずからこの書を授与した。それが鎌倉であるか、下総であるかはわからない。

『立正安国論』の外題で始まる本書は、三七紙の継紙《つぎがみ》からなる巻子本の体裁で、墨界《ぼっかい》を引いた楮紙《ちょし》を料紙として端正に染筆され、最後に跋文《ばつぶん》が記されている。ただし、第二四紙目の一紙だけは早いうちに失われ、近世初期の慶長六年（一六〇一）に、日通という中山法華経寺の住持が、身延山久遠寺《くおんじ》本の『立正安国論』（現存していない）によってこの部分を補写して、欠落した所を補って完本としている。本文の内容については、先に述べたのでここでは触れないが、文永六年十二月八日の日付のある跋文に注目してみよう。

まず、「文応元年太歳庚申《かのえさる》これを勘《かんが》う。正嘉これをはじめてより、文応元年に勘《かんが》えおわる」と、『立正安国論』撰述の時期を明確にしている。この書において示した予言がしだいに現実のものとなったありさまは、「安国論御勘由来」における叙述と同様であるが、ここではそれにつぐ事象として、文永六年に蒙古が「重ねて牒状これを渡」したことが述べられている。このように国家の運命にとって重大な事柄は、「すでに勘文《かんもん》これに叶《かな》う。これに準じてこれを思うに、未来またしかるべきか」と、日本国がたどるべき運命を予見する。この『立正安国論』はまさに「徴ある文」であり、ここに盛られた数々の予言は、けっして日蓮自身の力によって得られたものではなく、日蓮が法華経の真実なる経文と通じ合ってこそ、はじめて得ることのできた結論である。

文永六年（一二六九）の、三度目の来牒と返牒の拒否とが、武士の社会にいかに深刻に受けとめられたか、この跋文は雄弁に物語っている。鎌倉では、このころ日蓮の周辺に多くの信者が集まり、法華経の予言に期待を寄せていたことが、これらの史実によってうかがわれる。

現存する『立正安国論』の真蹟断片や、写本などを詳細に検討すると、日蓮は少なくとも五度は書写しているようにおもえる。また、これらの筆跡や記述形式を観察すると、書写の時期はおそらく文永五年から八年にかけてのことだろうが、なにぶんにも史料があまりにも少ないので断定はできない。しかし、『立正安国論』は、日蓮の一生を通じて常に思考と行動の基底となっていたことは、いうまでもない事実である。

その後の『立正安国論』

八木胤家に与えられた『立正安国論』は、その後数奇な運命をたどりながら、今日に伝来した。日蓮が鎌倉を去ると、その予言に対する期待感も急速に衰え、『立正安国論』の存在もいつしか忘れ去られてしまった。やがてその館に保存されていた『立正安国論』も、かつては仏前で読まれたこともあったが、ついには料紙を継いだ糊《のり》も離れて、とうとう第二四紙が失われてしまった。この後、八木邸を訪れただれかが、巻子本に仕立てられていた『立正安国論』をそのまま裏返し、失われた第二四紙の前後をそのまま継いで、新しい写本の料紙に再利用した。

紙背には、『立正安国論』の第三六紙の裏面を文頭とした、『本朝文粋《ほんちょうもんずい》』巻第十三の全文を書写して、最後に日蓮没後にあたる「永仁」（一二九三〜九九）の年号を記している。いわゆる「紙背文書《しはいもんじょ》」にあたるもので、元の表面に染筆された『立正安国論』の本文は、

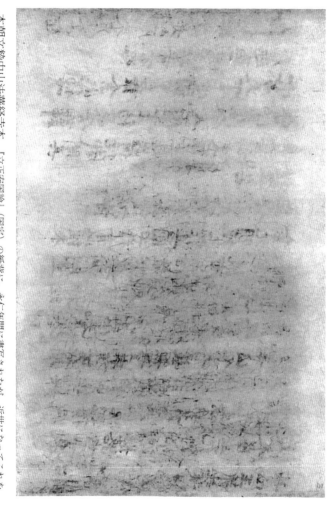

本朝文粋中山法華経寺本　『立正安国論』（国宝）の紙背に，永仁年間に書写されたが，近世になってこれを全面的に擦り消された．

ここでは紙背にまわされたことになる。いわば、『立正安国論』は廃棄されたことになり、一時期には、表面が『本朝文粋』巻第十三で、裏面が『立正安国論』の形をとっていた。

中山法華経寺文書の「沙弥道正授与状《しゃみどうしょう》」には、その相伝関係について、次のように記されている。日蓮が身延山に隠栖《いんせい》してから六年目にあたる弘安三年（一二八〇）、八木胤家はこれを遠藤右衛門入道沙弥道正に授与した。その沙弥道正は、嘉元四年（一三〇六）正月十三日に、中山法華経寺第二代の日高に授与して、その重宝とした。そのときの巻子本は、表面が『立正安国論』で、裏面が『本朝文粋』巻第十三という形であった。

近世初頭に、京都を舞台に不受不施《ふじゅふせ》問題が起こり、他宗の信仰を拒否する運動が広がって、豊臣政権との間に深刻な対応を迫られた。これが関東に波及したとき、日蓮宗では信仰すべきでない仏菩薩を崇敬する、供養《くよう》の文言が豊かに盛り込まれている『本朝文粋』の記事を、そのまま『立正安国論』の紙背に残すことがはばかられた。これを憂えた住持の日通は、身延本『立正安国論』の第二四紙を書写して、中山法華経寺本の欠を補うとともに、紙背にある『本朝文粋』巻第十三の全文を完璧なまでに擦り消した。かくて、『立正安国論』のみになったこの一巻を、加賀藩主前田利常《としつね》が願主となり、京都の本阿弥光甫《ほんあみこうほ》が施主となって、豪華に表装して後世に伝えた。これが、中山法華経寺の聖教殿《しょうぎょうでん》に伝来する国宝の『立正安国論』で、日蓮聖人七百遠忌《おんき》を記念してこれらの聖教を修理する過程で、紙背に『本朝文粋』巻第十三の写本が発見された。

信者の激増

文永七年（一二七〇）から八年にかけて、出家と俗人とを問わず、日蓮のもとに大勢の人々が信仰を求めてやって来た。このころの書状とみられる「十章抄《じっしょうしょう》」が、中山法華経寺に伝来していて、弟子の三位公《さんみこう》に宛てた書状の草案とみられる。この書の最後に、「当時は、ことに天台・真言等の人々多く（日蓮のもとに）来候なり」とあって、日蓮の主張が天台宗や真言宗の僧侶にも、深い関心を持って迎えられたたことを物語っている。日蓮の初期教団の規模がもっとも大きかったのは、このころのことであろう。「種種御振舞御書《しゅじゅおんふるまいごしょ》」には、「日蓮が弟子等を鎌倉に置くべからずとて、二百六十余人に記さる」と述べていて、その様子がうかがわれる。

在俗の信者として中心的な存在は、北条氏の一門として知られる名越《なごえ》（江馬《えま》）光時《みつとき》の家臣であった四条頼基《しじょうよりもと》で、法華経の強い信仰を貫いた人物である。主と仰ぐ名越光時は、寛元四年（一二四六）に北条時頼に対抗して宮騒動《みやそうどう》を起こし、敗北して伊豆国の江馬に流され、幕府内の職を失っている。このような事情によって、四条頼基の家臣としての立場もけっして恵まれたものではなかったが、日蓮の信者で名越氏に関係する者が多かったことは、想像に難くない。しかし、その一族がしだいに北条得宗家《とくそうけ》と対立を深くするようになったことは、日蓮のたどった運命とけっして無縁ではあるまい。

このように危機的な政治情勢のもとで、日蓮の宗教活動は幕府の執政《しっせい》と、しだいに深くかかわるようになっていった。蒙古はたびたび来航して日本の返牒を求めたので、幕府は蒙古の襲来を防ぐための戦時態勢を急速にととのえなくてはならない。日蓮の信者が、下総国の守護所での「問注《もんちゅう》の場」に臨むという、思いがけない事件に遭遇したのは、文永八年（一二七二）五月九日のことであった。このときの事情は、日蓮真蹟の「問注得意抄」によって、その大筋をうかがうことができる。

下総国の守護をつとめる千葉介頼胤《ちばのすけよりたね》の家臣で、日蓮の檀越《だんのつ》富木常忍《ときじようにん》は、これまでたびたび登場してきた。この富木と某々の三人に宛てて、日蓮が問注の場に臨んだ心得をしためたのが、この「問注得意抄」である。日付の「五月九日」は、文永六年から八年にかけてのこととみられるが、蒙古襲来に対する臨戦態勢が布かれた、文永八年の五月九日とするのが妥当であろう。

宛名の他の二人について、文永八年前後の日蓮書状に現れる檀越は、太田乗明と曾谷教信と金原法橋であるから、このうちの誰かであろう。後に述べるように、この問注の場が私的な性格が強いものであったから、ここでは千葉介の家臣であった太田乗明と曾谷教信をこの二人にあて、在地領主として独立度の高い金原法橋は除外すべきであろう。また、守護の家臣三人が出廷する問注の場は、鎌倉幕府の問注所ではなくて、下総の守護所に設けられたものである。日蓮は、この問注の場に出廷する三人に宛てて、その当日に「問注得意抄」をしたためて心得を示した。

問注の庭

日蓮は、「今日の召し合わせ、御問注の由承り候」と、知らせを受けてこの書状を執筆したことをまず述べる。問注の場に臨むことは、みずからの所信を主君や朋輩《ほうばい》に披瀝《ひれき》する好機を得たことで、まことに喜ばしいかぎりである。出廷に先だって、心にかかっていることを述べよう。これは「駿馬《しゆんめ》に鞭《むち》うつの理」によるものであるといい、その心得を述懐する。できるだけ原文で紹介しよう。

まず、出廷したときの心得は「今日の御出仕、たとい知音《ちいん》たりといえども、傍輩《ほうばい》に向かって雑言を止《とど》めらるべ」きである。いよいよ両方を召し合わせのときには、「御奉行人、訴陳《そちん》の状これを読むのときは、何事につけても、御奉行人お尋ねのほかは、一言も出だすべからず」。たとえ論敵が悪口《あつく》を吐いたとしても、自分のことについては「一二度は聞かざるがごとくすべし」。三度にのぼったとき、顔色を変えず、粗い言葉を出さないように、柔らかい言葉で静かに述べよ。「各は一処の同輩なり、私においては全く遺恨無き」のよし、これを申するべきであると。「また、御供の雑人《ぞうにん》等に、よくよく禁止を加え、喧嘩を出だすべからず」。日蓮の言おうとすべきことの大要は、このような趣旨である。

富木常忍ら三人を召喚して開かれる問注の場は、守護所の館内に設けられ、千葉介みずから臨席して開かれる。その場のありさまは、「問注得意抄」の記述によって、ほぼ見当がつくはずである。まず、上段の席に千葉介頼胤が座り、奉行が前に侍《はべ》って尋問の役割を果たす。その前面に訴人《そにん》と論人《ろんにん》（被告）が相対して、両方の背後には傍聴者が座り、問注の会場となる建物の周囲を、大勢の御供の雑人らが囲む。この場に臨む人々は、すべて守護の館に出入りする知音の輩であるから、ついつい言い合いや喧嘩《けんか》をするおそれが十分にある。

いよいよ問注が始まると、守護の面前で奉行人が訴陳の状を読み、その尋問に訴人と論人が答えるという形で進行する。日蓮は、この場に及んでけっして激高することなく、落ち着いて主張すべきことは主張し、慎重に対処すべきことを要請している。

このたびの問注で被告となった富木常忍は、普段は問注の場にあって奉行の役割を果たしていた。中山法華経寺に伝来する日蓮真蹟の「要文《ようもん》紙背文書」には、富木常忍宛の訴状や陳状が数多く残されているから、かれが奉行のベテランであった事実がよくわかる。日蓮が「問注得意抄」の上書きを三人のうち富木常忍とし、文中に「駿馬に鞭うつの理」と書いたのは、このような理由による。しかも、守護の事務を扱う立場にいる富木常忍に、わざわざ法廷での論人としての心得を示し、問注の場の様子を簡潔に、しかも手に取るように描き上げた日蓮は、当時の法曹界に感覚的な理解力をもちあわせていたといえよう。

「問注得意抄」の冒頭の、「今日の召し合わせ」の言葉からみると、日蓮はおそらく急ぎ鎌倉を発って、下総の守護所あたりに到着したのであろう。しかし、問注開始の前に会うことができなかったので、この一書を染筆《せんぴつ》して供の者に届けさせたものと思われる。このたびの問注の結果、下総では何事も起らなかったが、それは日蓮にとってさらに深刻な受難の幕開けであった。

佐渡と身延の日々

佐渡配流の旅

日蓮逮捕

文永六年（一二六九）に蒙古の国書がもたらされてから、すでに二年半が過ぎようとする八年の夏、幕府は返牒《へんちょう》の送付を拒否するほかに、有効な対抗手段をとることができないままであった。それは、日本をめぐる深刻な国際情勢が、十分に把握され理解されていなかったからである。

幕府の内部では複雑な勢力が拮抗し、とくに北条得宗家《とくそうけ》の家人で構成される得宗被官の発言力が強くなり、平左衛門尉頼綱《へいのさえもんのじょうよりつな》が内管領《ないかんれい》として実権をふるうようになる。引付衆《ひきつけしゅう》の一番引付頭人《とうにん》を勤める名越時章《なごえときあき》は、幕府の要職を慎重にこなしていたが、弟の教時《のりとき》が六波《ろくは》羅《ら》南方《みなみかた》の北条時輔《ときすけ》と通じているという風評があった。このため、北条時宗《ときむね》は名越氏一族に対して不審をいだくようになり、緊張関係がしだいに深まっていた。かつて、北条時宗の父北条時頼《ときより》が執権職《しっけん》についたとき、名越光時《みつとき》が執権職をねらうと疑い、機先を制して光時を罰して伊豆の江馬《えま》に流した。北条得宗家の名越氏一族に対するこのような事情からみれば、北条時宗が名越氏に疑念をいだくことも当然であろう。ちなみに、日蓮の檀越として知られる四条頼基《よりもと》は、この江馬光時の従者であった。

文永八年（一二七二）のころ、鎌倉幕府側にたって日蓮を「仏法の大怨敵《だいおんてき》」として糾弾《きゅうだん》する寺院の拠点は、「行敏御返事《ぎょうびん》」「行敏訴状御会通《えつう》」によると、建長寺・寿福寺・極楽寺・多宝寺・大仏殿・長楽寺・浄光明寺などの「最も悪しき所」である。なかでも極楽寺の忍性《にんしょう》は、「日蓮ならびに弟子らは、阿弥陀仏を火に入れ水に流す。汝らが大怨敵なり」「凶徒を室中に集む」などと非難して、「首を切れ所領を追い出せ」といつも攻撃した。また、浄土宗の然阿《ねん》良忠《ありょうちゅう》や道阿らは、「早く日蓮らを召し決せられて、邪見を摧破《さいは》し、正義を興隆」することを幕府に訴えている。日蓮を追撃する諸寺の陣営は、強力な結束を固めて幕府を動かそうとして、訴訟によって圧迫する手段を講じた。このような訴えに直接関与したのは、侍所《さむらいどころ》を実質的に指揮する平左衛門尉頼綱であった。

日蓮は、諸方からの非難と対論の要求に対して、私の問答はきっぱりと拒否し、公の場での対決を求めた。将軍、あるいは得宗の北条時宗の面前で、堂々と諸宗の高僧らと対決を遂げ、信仰の是非を決しようというのである。日蓮が、諸宗に対する攻撃を激しくしているさなか、蒙古の制圧に反抗した高麗の三別抄《さんべつしょう》が、九月に救援を求めて牒状《ちょうじょう》をもたらした。日本はこの要請に応えることはなかったが、それは蒙古襲来の差し迫った危機を実感させることとなり、幕府の態度を急変させる契機となった。

九月十三日、幕府は九州に所領を持つ御家人に対して、その任地に赴いて蒙古襲来に備えるよう、関東《かんとう》御教書《みぎょうしょ》を発して命令を下した。「蒙古人襲来すべきの由、その聞えあるの間、御家人等を鎮西に差し遣わす所なり」(「小代《しょうだい》文書」)というのである。この緊急命令を発令する前日の九月十二日、日蓮の逮捕劇は始まった。

竜ノ口の虎口

その日の真昼のころ、北条得宗家の御内人《みうちびと》で実権をにぎる平左衛門尉頼綱が、大勢の武装した侍所の軍勢を指揮して草庵を襲い、日蓮を逮捕した。そのときのありさまはたとえようもなく激しく、大勢の軍兵は仏像や経巻を破壊し踏みにじり、乱暴の限りを尽くした。そこで日蓮は、天に向かって高声にこの不法を訴えたところ、襲来した者たちは顔色を変えて静まったという。幕府が、御内人の平左衛門尉頼綱の責任において、このように必要以上の軍兵を動かし、日蓮の捕縛に向かったのは、この行動が軍事的により重大な事件を引き起こす可能性を、あらかじめ予期してのことであったに違いない。

捕らわれた日蓮は、まるで朝敵のように大町小町を引き回されたうえで、幕府に連行されて、午後六時ごろにあたる酉《とり》の刻に、佐渡への流罪が言い渡された。さっそく出発が命じられ、わずかに身の回りのものを持ったまま、幕府の兵どもに守られて、十三日の午前一時ころ、丑の刻に鎌倉の幕府を出発した。途中、鶴岡八幡宮の前で、法華経の行者を守護すべき八幡神の誓いが、虚言であってはならないと声高く叫んだが、一行は休むまもなく海辺の道を西にたどる。これと同時に弟子も逮捕され、信者にも危険のおよぶ深刻な情況のもとで、慌ただしくも静かな旅立ちであった。

かつて、文永三年（一二六六）七月に、将軍職を廃された宗尊《むねたか》親王が鎌倉を離れる時、名越教時が武装した数十騎を従えて、示威行動をとったことがある。しかし、いまは、名越光時の家臣で日蓮の檀越である、四条頼基が供をして従っただけで、名越氏一族を率いる名越時章は動かなかった。

当時、佐渡の守護は武蔵守大仏宣時《おさらぎのぶとき》で、相模国の依智《えち》（神奈川県厚木市）を本拠とする本間重連《しげつら》が守護代であったから、一行はまず相模川の河口を目指して、月明かりをたよりに、寒さを感じる浜辺の道を西に向かって進み、竜ノ口《たつのくち》の刑場についた。ここで長時間滞留している間に、日蓮を斬首の座に据えて刑の執行の態度を見せた。しかし、ついに何事もなく、夜明けとともにここを離れて、相模川をさかのぼって依智の本間邸に到着した。まことに危機迫る一夜の旅であった。

日蓮が、奇《く》しくも斬首を免れた理由について、真夜中に江ノ島の方から毬《まり》のような光る物が飛来したので、武士たちは目を射られて刑を執行することができなかったと、「種種《しゅしゅ》御振舞御書《おんふるまいごしょ》」でみずから述懐している。日蓮は、蒙古襲来を恐れる重苦しい雰囲気のなかで、展開する情況についての予言を、次々に打ち出しつづけていた。この日蓮を刑場に連行したとき、おのずからかもしだされる霊的な雰囲気が、同行の武士たちに異常な興奮情況を起こし、自然現象が奇跡として実感されたことも考えられよう。けれども、これでは説得力が不十分で、ほかに重要な理由を考えなくてはならない。

もっとも警戒されることは、日蓮の逮捕をめぐって、不要な混乱が鎌倉市中に引き起こされることである。日中に草庵で逮捕した日蓮を、真夜中のうちに慌ただしく鎌倉の圏内から離し、配流《はいる》の旅に赴かせたのはこのためであろう。ついで、日蓮を佐渡に護送する暗闇の道筋で、武装した弟子や信者によって奪い返され、あるいは対立者によって襲撃される恐れは、十分にあった。鎌倉の圏外にありながら、監視が十分に行き届く竜ノ口で、夜の明けるのを待って滞留したのは、このような事態を警戒してのことであろう。

死の悟り

竜ノ口に滞留した日蓮が、斬首の座に据えられたことは、それが実行されなかったにしても、重要な出来事であった。日蓮は、いつも「死罪や流罪は覚悟のうえ」といったが、実際に斬首の恐れに直面したのははじめてであったし、それ以後も常に死を覚悟しつづけなくてはならなかった。

幕府にとっては、日蓮の逮捕は、蒙古襲来に対する政策の一環として、位置づけられるものであった。九月十三日に御家人動員令を発する前日、このままでは社会の混乱を招きかねない、日蓮の言動を封じ込めようと意図したことは確実である。しかし、それにしても物々しい軍兵の出で立ちは、どのように解釈したらよいのだろうか。当時、得宗家につぐ勢力を持ち、とかくすると得宗家の方針に批判的な態度をとる、名越時章一族を挑発した可能性も、十分にある。このとき名越氏はまったく動かず、事態は五ヵ月の後、文永九年（一二七二）二月に起こった、いわゆる二月騒動につながっていく。

日蓮が、虎口を逃れて本間の邸についたのは、もう昼近くのことであった。このころ、鎌倉では、御家人に対して九州への派遣命令が次々と発せられ、まさに風雲急を告げるという、危機的な雰囲気に包まれていた。流人の日蓮は、依智左衛門尉重連の代官右馬太郎《うまたろう》の預かりで、奪還されないように厳しく護衛されていた。

依智についた翌日の十四日、急を聞いた富木常忍《ときじょうにん》の使者が、安否を気遣う書状をもって下総からやって来た。日蓮が幕府の手に捕らえられて、ふたたび帰ることのできないといわれる、佐渡への流罪となって出発したことを、深く悲しむという文面であった。しかも、竜ノ口での出来事については、その報せがすでに届いていたことがうかがわれる。

日蓮は、鎌倉からの従者に持たせてきた笈《おい》をひらいて、筆・墨・硯・料紙を取り出させた。逮捕騒ぎのなかから、やっと取り出して持ってきた筆記用具である。幸いなことに、とくに書にはあまり縁のない武士たちは、このように書状によって連絡をとることに、とくにうるさくはなかったはずである。二紙の料紙に、普段から使用中の小筆を使ってしたためたう返事は、「土木《とき》殿御返事」と称する書状である。現状報告の内容をもつその内容は、この二日間の深刻な出来事を簡潔に叙述したものとして重要で、「いま四五日はあるべげに候」と、旅の支度をととのえる間の滞在を述べている。そのうえで、斬首にも及ぼうとする法難についての、自分の確信を述懐する。

このたびの受難はすでに定まっているものと、もとより覚悟しているので、いまさら嘆くことはない。むしろ今まで首を斬られなかったことが不思議なくらいである。法華経の教えを実践したために、過去に首を失っていたならば、ただの少身の者に過ぎなかっただろう。また、法華経に「数数見擯出《さくさくけんひんずい》（しばしば擯出される）」とあるように、たびたびの受難によってこそ重罪を消し去って、はじめて仏になることができる。日蓮は自己の心中をこのように披瀝する。つまり、法華経の信仰による受難こそ、かえってみずからの成仏《じょうぶつ》の証しとなると、その意義を強調する。

佐渡流罪の旅

佐渡に向かっての日蓮の出発準備は、四日か五日というはじめの予想を越えて、意外に長引いた。依智についてから二〇日ほど後の十月三日、いよいよ四日後の七日に決まった出発を前に、鎌倉の牢に捕らわれている五人の弟子たちに書をしたため、寒さの苦しみに思いをいたした。そのなかで、「牢をいでさせ給いなば、明年の春かならず来たり給え。みみえまいらすべし」と述べ、再会を約している。

十月五日には、下総の信者太田左衛門尉・蘇谷《そや》入道・金原法橋《かねはらほっきょう》三人のうち一人が、依智に日蓮をたずねてやってきた。この三人に宛てて、「転重軽受法門」と称される、三紙の書状をしたため、前世の重い罪を今生《こんじょう》の重苦によって消し去り、来世には無限の楽を得ることを教示している。鎌倉から持ってきた一本の小筆も、穂先が荒れて心なし使いにくくなっているし、料紙もすくなくとも十数紙を使っている。書を書く道具が、その宗教活動の生命線であることは、なによりも日蓮自身がよく知っていた。

佐渡に向かっての出発は、さらに三日ほど延期されて、いよいよ十日に旅立つことになった。御家人に対して、蒙古を防衛するための命令が発せられた直後で、社会の動揺がつづいていたためでもあろうか。旅をつづける日蓮をめぐって起こる、さまざまな事故の恐れを用心して、慎重に日程を整えたものとみられる。あるいは一行に付き従う武士の従者らが、秋の取り入れをおえるのを待っていたこともあるだろう。いずれにしても、前途も

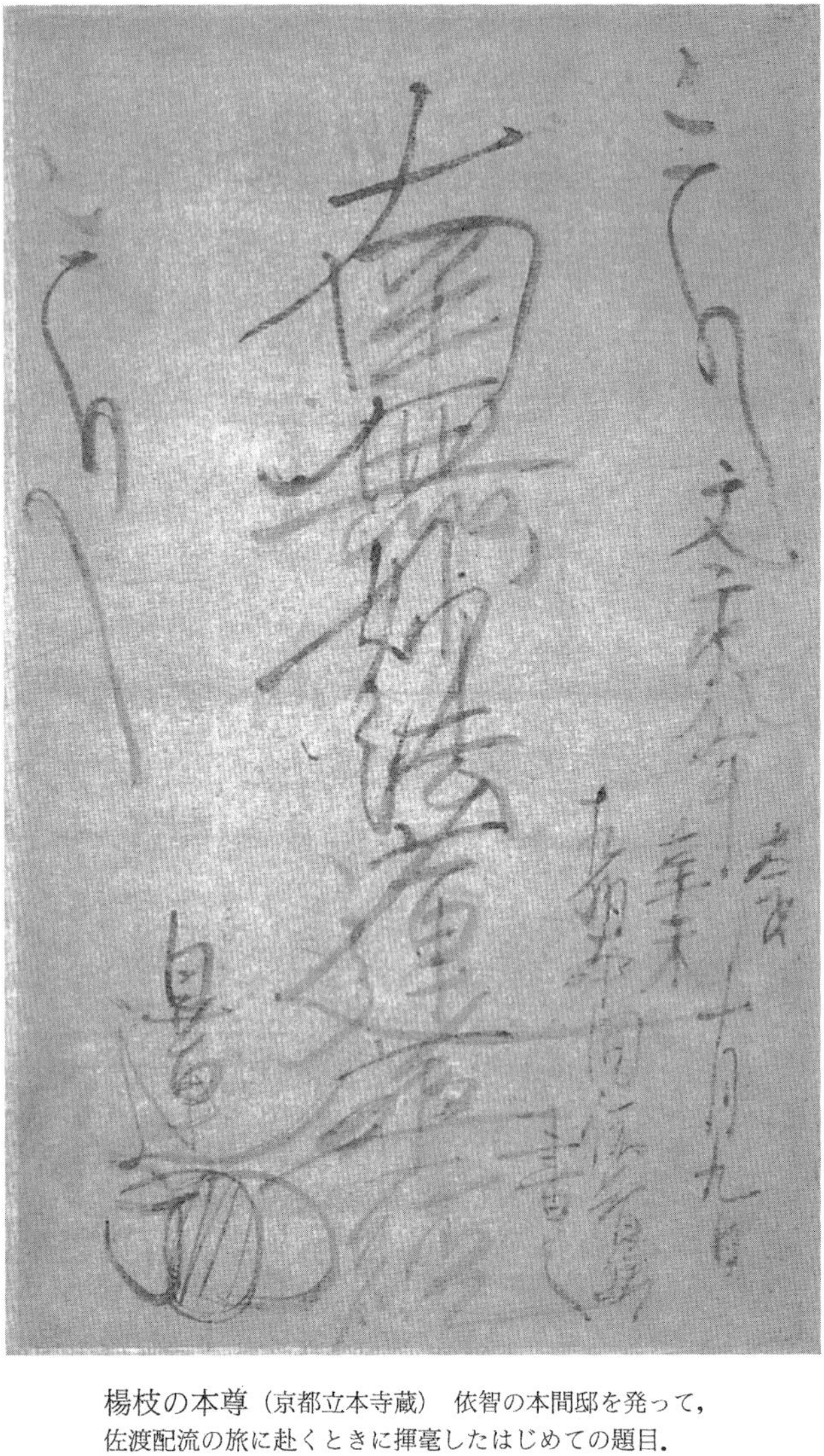

楊枝の本尊（京都立本寺蔵）　依智の本間邸を発って，佐渡配流の旅に赴くときに揮毫したはじめての題目．

期し難いその出発の前日、日蓮は一幅の曼荼羅本尊《まんだらほんぞん》を揮毫《きごう》した。これは現在、京都の立《りゅう》本寺《ほんじ》に伝来している。

「楊枝《ようじ》の本尊」には、丈五三・六《チ》セン《ン》に幅三三・六《チ》セン《ン》ほどの、当時の規格とは一回り大型の料紙を使用して、「南無妙法蓮華経」の題目などを染筆している。この料紙は、楮《こうぞ》の樹皮を材料にして漉《す》いた厚手の楮紙《ちょし》で、料紙の強靭さと滑らかな運筆とのために、木槌《きづち》で全体をまんべんなくたたいた、いわゆる「打ち紙」を用いている。ただし、どのような経路でこの料紙が入手されたかはわからない。題目などの揮毫に用いられた筆は、鎌倉から持参した小筆では用が足せないので、楊《やなぎ》の枝を砕いて作った楊枝の筆であるといい、「楊枝の本尊」と呼ばれるようになった。私は、竹筆《ちくひつ》を用いたのではないかとおもう。

中央に揮毫された「南無妙法蓮華経」の文字は、その点画《てんかく》を長く伸ばした独特な形をしている。これは、題目の光明が宇宙にくまなく広がるという、法華経信仰の功徳《くどく》を文字で表現したものである。日蓮が、このような形式の題目を揮毫したのは、「楊枝の本尊」が最初のこととして重要で、これ以前にはまったく見られないことは注目すべきである。題目の下には日蓮の署名と花押が据えられ、両脇は梵字《ぼんじ》の不動《ふどう》・愛染《あいぜん》が固めている。流人として旅立つ日蓮は、前途多難な前途の思いを、一幅の「楊枝の本尊」を揮毫して、信者の某に託した。それがだれであるかはわからない。

依智の本間邸を十月十日に出発した日蓮を護送する一団は、鎌倉街道の中ノ道に合流して、武蔵国久米川を通り、碓氷《うすい》峠を越えて信濃路にはいり、越後平野を横切って越後国寺《てら》泊《どまり》の津に着いた。冬枯れの野をたどる一二日間にわたる長途の旅で、到着した十月二十二日の日本海には、冷たい北風が激しく吹き荒れていた。ここから、いよいよ嵐のなかを海をわたって、配流地の佐渡に至る。

佐渡渡海の後先

寺泊の前に広がる佐渡の海には、冬になると西北側から強い寒風が吹いて、船は風波にもてあそばれる。通常は二人で漕ぐ船の櫓《ろ》も、冬季には八人もの漕ぎ手が必要なほど、海は荒れる。太平洋の黒潮を見て育った日蓮も、波の荒い佐渡の海を前にして、さすがに驚きの色を隠せなかった。

この地に到着した日蓮は、すぐさま富木常忍に宛てて書状をしたためた。「寺泊御書」がこれである。その冒頭の部分で、「これより大海をわたって、佐渡の国に至らんとす。順風定まらず、その期《ご》をしらず」と、不安な感懐を述べている。漢文で記されたこの書には、竜ノ口の出来事から今日までの深い思索の跡が語られ、みずからの深刻な受難の意義づけと、周囲からの非難に対する反論を述べている。これらの思索は、佐渡に渡った後に著した、『開目抄《かいもくしょう》』に結実する。

日蓮が「寺泊御書」を書き終えたのは、冬の日も暮れた酉《とり》の刻、午後六時ころである。

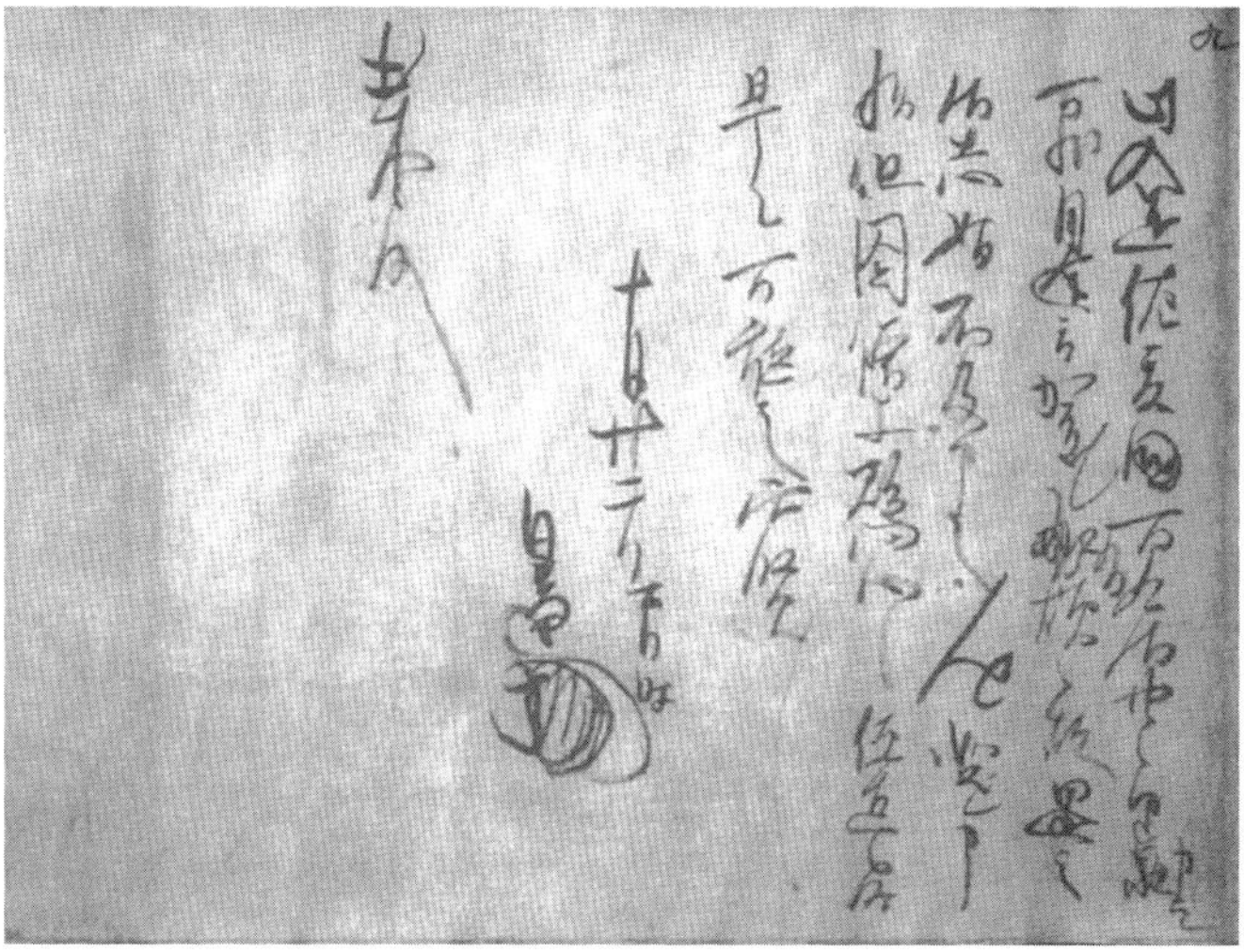

寺泊御書（重文　中山法華経寺蔵）　佐渡配流の途中，越後国寺泊に着くとすぐ，富木常忍に宛てしたためた書状．

ここまで供をしてくれた一人の入道が、佐渡までも付き従うと同行を請うたが、費用も不足することではあるし、ほかにも差し支えがありそうなのでと、その気持ちを謝しながらも下総に返すことにした。この入道が背に負ってきた笈《おい》のなかには、日蓮の簡単な日用品のほかに、幾冊かの聖教《しょうぎょう》の抜き書き帳、残り少なくなった料紙、一本の小筆・墨・硯などがしまわれていた。

その大切な料紙のなかから八紙を使って、遺言となるかもしれないこの「寺泊御書」を書く。九枚の料紙を取り出して重ね、一、二、と丁付《ちょうつ》け（ページ）を打ちながら、本文を染筆していく。辺りが暗くなったころに全文を書き終えると、始めからもう一度声を出して丹念に読みなおしながら、要文《ようもん》集を取り出して引用した「要文」を確認し、しかるべき所を加筆訂正する。これが終わったのが酉の刻であった。そこで第九紙に「十月二十二日酉刻」と日付と時刻を記し、日蓮の署名に花押を据え、「土（富）木殿」と宛て名を記す。こうしてできあがった九紙を順番に重ね、字面が外に出るように二つに折り、二つ折りをもう二回ほど繰り返す。これに懸紙《かけがみ》をかけて「土木殿　日蓮」と上書きを書いて、紙縒《こよ》りで帯をして封印の墨引きをすると、書状の完成である。この書状を、これまで供をしてきた入道に持たせて、はるか下総の富木常忍のもとへと急がせた。

日蓮ら一行を乗せた船が、どのような難儀の末に佐渡の海を渡ったかは、よくわからない。寺泊を出港した船は、一度は吹きもどされて、少し北の角田浜《かくだはま》に漂着したともいう。現在佐渡には、日蓮が楊枝の筆で書いたという一幅の題目があり、これは困難な船路のなかで、依智から所持した筆で安全を祈って染筆したものであろう。一行は、二度目の航海でやっと佐渡の松ヶ崎に上陸し、ここから小佐渡山脈を越えて、国中《くになか》平野にある守護所《しゅごしょ》に向かった。旧暦の十一月といえば、もう冬の寒さは厳しく、人々は冬籠もりのさなかである。佐渡の厳しい風土が日蓮を迎えた。

真冬の佐渡の地では、流人として訪れた日蓮を受け入れる余地は、まったくととのっていなかった。このため、雪囲いもなく寒さを防ぐ手立てもない、塚原の三昧堂《さんまいどう》に捨てるように置かれ、一冬を過ごすことになった。死者を葬地に葬る前に、形ばかりの供養をする建物が三昧堂で、住居としての機能性はもとよりととのってはいない。佐渡における日蓮の流人としての日々は、危機迫る墓所の三昧堂のなかで、寒さと死との孤独な戦いによって始まった。

鎌倉につづく佐渡の受難

国中の住居

暖国で生まれ活躍した日蓮にとって、北国の豪雪は想像を絶するほどの驚きであった。寒さが厳しい比叡山《ひえいざん》での冬の体験があっても、このような雪中の生活ははじめてのことであり、食物も守護所《しゅごしょ》から届けられはするものの、その乏しさには変わりなかった。このように、負の条件が重くのしかかっているなかで、他宗の僧たちが訪れては、問答を挑んだ。佐渡の周辺に位置する地域には、山岳信仰の霊場が連なり、修験の行者がこの地にも大勢住んでいたであろう。しかし、日蓮みずから山林修行の体験をもっていたから、かれらに対して少しもひるむことはなかった。

塚原に来てからまだ一月もたたないとき、法然《ほうねん》の浄土教を信奉する、弁成という念仏僧が日蓮のもとを訪れた。なかなかの学僧と見えて、法然の説くところを明快に主張して、日蓮の主張に反論している。日蓮は、この浄土宗の僧には一目置いたようで、対論の結果を冷静に記述して、連名で署名し花押を据えている。「法華浄土問答鈔《もんどうしょう》」がこれで、文永九年正月十七日の日付となっている。

弁成と日蓮の論点は、おもに法然が念仏以外を「捨閉閣抛《しゃへいかくほう》」、すなわちこれを捨て閉じ閣《さしお》き抛《なげう》つといって、法華経などの諸経を「末法不相応の法」として拒否する浄土門《じょうどもん》と、聖《しょう》道門《どうもん》との立場をめぐってのことである。弁成は、法華経などの聖道門の信仰を捨てはするが、念仏によって浄土に往生を遂げた後に、法華経の教えによって成仏《じょうぶつ》を遂げようという。それは、法然没後の浄土宗が、みずからの専修《せんじゅ》念仏の立場を守りながら、他の宗派との融和を図ろうとする、然《ねん》阿良《ありょう》忠《ちゅう》らの主張をみごとに受けついでいた。

日蓮は、この所論に対して、法華経の他の経に対する超越的な見地から反論し、『立正安国論』にみる浄土教批判を強く打ち出した。両者の主張は結局平行線をたどったが、年紀を明確にした問答記をしたためたことは、論点が確認されたことにおいて、まことに有意義であった。

たがいに対立する両者が、対論というひとつの結節点を見いだした事実は、日蓮にとって大きな意味があった。それは、佐渡の宗教的な環境を知るうえで、まことに得難い情報に接したことであるとともに、その流人としての境遇に好結果をもたらしたことである。

この時期、日蓮が背負ってきた笈《おい》のなかには、染筆すべき料紙も残り少なく、一本の筆もずいぶんいたんでしまっていた。ところが、信者からの補給がまったく期待できない窮状にもかかわらず、雪中の三昧堂《さんまいどう》で、この「法華浄土問答鈔」（正月十七日）をはじめ、「八宗問答抄」（二月十八日）、『開目抄《かいもくしょう》』（二月）など、さかんな執筆活動を展開している。それは、佐渡の地を舞台に形成されていた、かなりに実践的な山林修行に連なる、仏教の信仰組織をたどって物資の供給がなされたと、思わないわけにはいかない。佐渡の三昧堂に置かれた日蓮は、ここではたしかに孤独ではあったが、北陸の仏教世界ではけっして見捨てられてはいなかった。

二月騒動

日蓮は、『立正安国論』のなかで、「他国侵逼《しんぴつ》の難」とともに「自界叛逆《ほんぎゃく》の難」を予言したが、佐渡の流罪によって鎌倉を離れたとき、それは差し迫った危機となって襲ってきた。まさに重ねての予言的中である。竜ノ口《たつのくち》法難より五ヵ月になろうとするとき、文永九年（一二七二）二月十一日、鎌倉と京都を舞台とする、いわゆる二月騒動が起こったのである。

北条時宗《ときむね》が執権《しっけん》になると、名越《なごえ》氏一族は北条得宗家《とくそうけ》との対立を深め、蒙古に対する政策についても意見を異にするようになった。六波羅探題南方《ろくはらたんだいみなみかた》となった兄の北条時輔《ときすけ》は、軍事行動にはしる執権の方針に批判的で、名越氏一族と近付くようになったといわれ、幕府内部に不穏な空気が流れるようになる。このような傾向は、蒙古襲来の防衛軍を派遣したころから急速に進展し、年が改まるとともに深刻さを増してきた。

法難を克服した日蓮は、このような事情を敏感に察知していた。日蓮が身延山に入ってから後の書状に、「可延定業御書《かえんじょうごうごしょ》」とよぶ一通がある。内容は当時を回顧しての記事ではあるが、二月騒動の予見を富木常忍《ときじょうにん》に「明年正月二月のころおいは必ず（戦いが）おこるべし」と告げたことを述べている。

その二月十一日、北条時宗はその機先を制して、名越氏一族を攻撃した。幕府の要職にあった、一番引付頭人《いちばんひきつけとうにん》時章《ときあき》・評定衆教時《のりとき》・教時の子宗教《むねのり》らが打たれ、一族は没落の非運にさらされる。その四日後には、急を知らされた六波羅探題の北条義宗によって、時宗の兄で二十五歳の北条時輔《ときすけ》が攻め滅ぼされた。しかし、北条時章は事実無根であったとされ、討手に向かった得宗の家臣五人が、その責任をとって殺されるという、後味の悪い結末を迎え、後の幕政に深い影を落とすことになる。

この事件の後の四月十日、富木常忍に宛ててしたためた「富木殿御返事」には、「法門のこと、先度《せんど》四郎左衛門尉殿に書持せしむ」と、『開目抄』を四条頼基《よりもと》に遣わしたことを記している。また、「日蓮臨終一分も疑いなし、刎頭《ふんとう》の時は殊に喜悦あるべし」と、追って書きに刑死の覚悟を述べている。この記事は、二つの重要な事実を物語っている。まず、二月騒動をめぐる詳しい情報が、名越氏の家臣の四条頼基が派遣した使者によってもたらされたとみられ、日蓮は遺言の書とみずからいう『開目抄』をその使者に託したことである。二は、名越氏の深刻な受難が、日蓮自身の刑死を予想させたことである。これらの二つの事実は、日蓮と名越氏一族とのかかわりを、よく物語っているといえよう。もちろん富木常忍の使者も、千葉介頼胤《ちばのすけよりたね》の家臣として集め得た情報と予見を、佐渡の地まで詳細に伝えたはずである。

二月騒動の余波は、五月の末になっても、なおつづいた。五月二十五日にしたためた「日妙聖人御書」には、その有り様を「その上、当世の乱世、去年より謀叛の者国に充満し、今年二月十一日合戦、それより今五月のすえいまだ世間安穏ならず」と述べている。この事件がいかに深刻であったかがうかがえよう。

対蒙古二つの意見

関東の御家人を鎮西《ちんぜい》に赴かせるという、幕府が発給した文永八年（一二七一）九月十三日の御教書《みぎょうしょ》は、蒙古の襲来に武力で対抗する、軍事力による解決を決意したことを示すものである。国の存亡にかかわる危機のなか、この動員令を遂行する過程で二月騒動が起こったことは、北条時輔と名越氏一族が、北条時宗が迅速にすすめる軍事政策に、きわめて批判的であったことを物語る。蒙古の外圧は外圧として受けとめたうえで、改めて外交手段を模索しようとする、政治的な解決をもとめつづけたのかもしれない。

蒙古襲来という危機的な情況のもとで、このような動きはすぐにでも排除されなくてはならない。とくに、東国の諸地方から鎮西に赴く御家人たちは、京都の六波羅にいったん集結するので、ここに派兵に批判的な六波羅探題南方の北条時輔がいることは、戦時体制をしくうえでまことに不都合であった。しかし、反対派は武闘によってことを解決しようとはしないので、これを一挙に討滅してしまった。

軍事行動を否定する動きは、仏教界には意外に広まっていたことが、史料に散見する。蒙古の撃攘を祈禱したといわれる叡尊《えいそん》は、殺生禁断を主張する律宗《りっしゅう》の僧侶として、実際には東風が敵船を大陸に吹き返すように祈ったのである。紀伊国《きいのくに》の領主の子息であった定証は、防衛軍として六波羅に出頭したとき、勇んで出陣する武者の姿をみて、闘諍《とうじょう》の罪を深く感じて叡尊のもとに走り、父母の期待を裏切って出家を遂げている。日蓮も、蒙古の撃攘を祈ったことはなく、法華経を信じない当然の報いとして蒙古の外圧を受けとめ、正法《しょうぼう》の信仰をさかんに主張した。このような主張は、幕府にとってその強硬な政策に反対する勢力として、圧力を加える対象となるのは当然である。その結果、叡尊の祈禱は敵船の撃攘と読み替えられ、日蓮は佐渡配流の道をたどった。

日蓮は、二月騒動についての感懐を、身延山に入った後にしたためた書状にしばしば述

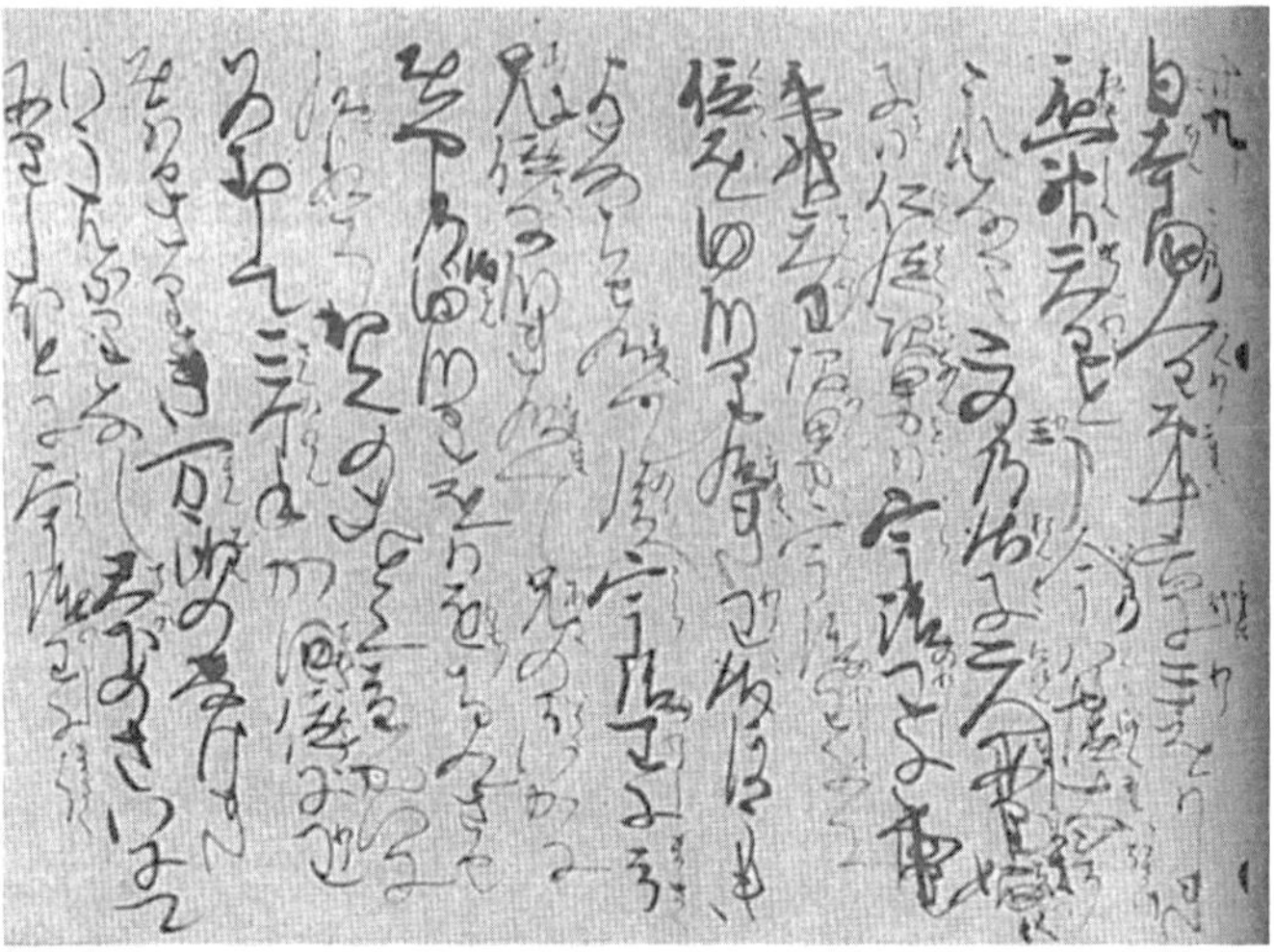

兄弟抄（重文　池上本門寺蔵）　清絹にたとえた名越時章の滅亡をいたむ．

べている。建治二年（一二七六）三月の「光日房御書《こうにちぼうごしょ》」には、「十一月に謀叛のものいできたり、かえる年の二月十一日に、日本国のかためたるべき大将ども、よしなく打ち殺されぬ」と避難している。十一月に現れた「謀叛の者」とは、北条得宗家の執事となって実権を握った、平頼綱のことであろう。二月十一日の二月騒動に打たれた「日本国のかためたるべき大将ども」は、時章・教時・宗教ら名越氏の面々で、理由もなく殺されてしまったと、その死を惜しんでいる。

　武蔵国に住む池上兄弟に与えた書に、「兄弟抄」がある。ここでは、「文永九年二月の十一日に、さかんなりし花の大風におるるがごとく、清絹《けいけん》の大火にやかるるがごとくなりしに、世をいとう人のいかでかなかるらん」と述べている。「さかんなりし花」とも「清絹」ともたとえられた人物とは、事件後に無実が明らかとなり、その攻撃が不当であるとして死を惜しまれた、一番引付頭人の地位にあった名越時章であろう。

これらの事実や、書状における叙述からみれば、日蓮は二月騒動と無縁ではなかったはずで、竜ノ口法難と佐渡流罪は、その軍事政策を実行するうえでとられた、政治色の強い事件でもあった。

法華経の行者

降り積もった雪と寒さのなかで、塚原の三昧堂に敷皮を敷き、わずかに持参した法華経や聖教《しょうぎょう》の抜書帳を頼りに、『開目抄』を執筆する。鎌倉で捕らえられてから佐渡に至り、この堂に置かれるまでのほぼ二月《ふたつき》におよぶ旅の間、さまざまに思索を重ねて到着しえた信仰の境地と、獲得した自覚を、一門の指針として後世に残さなくてはならない。佐渡の配所についた十一月のころから、全体の構想をととのえて執筆にかかった。鎌倉から隔絶した佐渡の地とはいえ、鎌倉における政治情況の進展しだいでは、いつ何時生命を失うことになるかもしれない。寒さと飢えと死と対峙しつづけながら、昼夜をわかたず『開目抄』の執筆をすすめた。

厳しい負の条件のもとで、この書を著作する意図については、日蓮みずからが本書の文中において、次のようにこれを述懐している。

日蓮といいし者は、去年九月十二日丑《うし》の時に頸《くび》はねられぬ。これは魂魄《こんぱく》佐渡の国にいたりて、返年《かえるとし》の二月雪中にしるして、有縁《うえん》の弟子へおくれば、おそろしくておそろしからず。みん人いかにおじずらん。これは、釈迦・多宝・十方の諸仏の未来日本国当世をうつし給う明鏡なり。かたみともみるべし。

日蓮の現身《げんしん》は竜ノ口において斬首《ざんしゅ》され、魂魄が佐渡にわたってこの書を著し、弟子たちにおくったのだから、いまさらどのようなことがあろうとも、なんら恐れることはない。この書は、法華経の諸仏が、現在の日本国の姿を写し出した、曇りのない明鏡である。これは、日蓮の遺言の書とみなくてはならない。その主張する論点は、法華経信仰を鼓吹《こすい》し実践する日蓮自身の、受難という激しく厳粛な体験を、宗教的に意味づけ位置づけるという、自己確認をまず示す。この自覚のうえにたって、みずから救世主としての壮大な使命を開陳《かいちん》し、その決意を表明している。この論調に耳を傾けてみよう。

社会の現状は、歴史的にも宗教的にも混乱の極に達していて、本来国土を守護すべき善神も、居所を失って天上に帰っていく。そのうえ、国土に正法たる法華経の信仰が行われないので、悪鬼が便をえて跳梁《ちょうりょう》して国土を混乱させ、国はすでに破局寸前まで追い込まれている。このような危機に沈む国土を、これまで仏教信仰によって救うことができなかったのは、絶対的な救済を約束する法華経の信仰が忘れられ、真の成仏を期待できない他の諸経が広まっているからだと、その理由をまず究明する。

仏から「永不成仏」といわれて、永遠に成仏できないとされている、二乗《にじょう》（声聞《しょうもん》と縁《えん》覚《がく》）に属する修行者も、この法華経によってこそはじめて成仏が許される。しかし、もっともすぐれた法華経の信仰がなおざりにされ、他の諸経がさまざまに理由づけされて、世間をまかり通っている。このような末法の世の情況下にあって、究極の正法たる法華経をこそ信仰ぜよという、正しい意見をとなえる者は、さまざまな難を蒙らなくてはならないと、法華経には予言されている。

仏が示した、このような受難を重ねて体験し、命の危険まで冒して正法の受持をさけびつづけた者は、日蓮のほかに今までいったい誰があったろうか。しかも、日蓮の命がけの伝道が、法華経の所説にただ符合したというだけではない。日蓮のこのような体験があったからこそ、法華経の説くところが真実であることがはじめて証明されるのである。受難によって法華経の正しい教えを実践し、法華経の教えを実践することによって法華経の正しさを証明するという、「法華経の行者」としての確信を、ここに物語る。

日本の柱

日蓮の手元には、法華経の絶対性をかかげる文と、それ以外の諸経を批判する要点を、経・釈・論の中から抜き書きした冊子本が、数冊ほども置かれていたはずである。『妙法蓮華経』と開結あわせて一〇巻のセットと、法華三大部と呼ぶ『法華玄義《げんぎ》』・『法華文句《もんぐ》』『摩訶止観《まかしかん》』の抜き書きは、法華経について思考し論じるには必携のものであったから、大切に持ち運ばれたに違いない。

法華経の行者としての確信を述べた後、日蓮はこれらの資料を開き見ながら、法華経と諸経の優劣と、諸宗の主張に対する批判を、経文に体験をまじえて縷々《るる》と語る。それは、経文の抜き書きと比喩の言葉で満たされ、みずからの言葉はあまり用いられていない。『立正安国論』に見るように、「勘文《かんもん》」としての形式がここでもとられている。この年四月十日付の「富木殿御返事」には、『開目抄』について「粗《あら》あら経文を勘《かんが》え見るに、日蓮は法華経の行者たること、疑い無きか」といっている。日蓮自身が、『開目抄』を未来を予見する勘文と考えていたのである。

法華経の絶対性が、さまざまな仏教書によって論証され、みずからを法華経の行者と宣言した日蓮は、未来のさらなる受難と使命について、はっきりと声明する。

日本国の位を譲ろう、浄土の聖典『観経疏』などの教えによって後生の成仏を期せよ、「南無阿弥陀仏」と念仏を称えなかったら父母の頸をはねるぞというような、種々の大難に遇《あ》っても、智者によって自分の条理が破られないならば、このような要求を絶対に受け付けることはできない。そのほかの大難は、まるで風の前の塵《ちり》のように、軽くて気にすることはない。

ここには、どのようにはげしい大難にあっても、法華経の信仰はけっして退転しないという、確たる心構えが披瀝されている。生命にかかわる大難を克服した、日蓮の強い自信がこのようにいわせたのである。その上で、三つの誓願を示す。

我日本の柱とならん、我日本の眼目とならん、我日本の大船とならん。

このように、日本国を見つめたみずからの使命を表明し、間違った仏教信仰を糾弾《きゅうだん》して、正法《しょうぼう》たる法華経の信仰をかかげ、世間を救おうと誓う。このために、日蓮の身に大難が襲ってくるとしても、「後生には大楽をうく」ことが約束されているから、まことに喜ばしいことであると所感を述べて、『開目抄』を終わる。この書は、仏法をひろめる人を意味する「法華経の行者」としての自覚を表明した、「人開顕《にんかいけん》の書」として重要視されている。ただ、佐渡流罪の危機的状況のもとでの執筆であったからであろうか、和文で示される文言には、全体的に粗削りなところが感じられる。

分厚い原本

『開目抄』の原本は、後に身延山久遠寺《みのぶさんくおんじ》に収められて伝来したが、明治初年の身延山大火によって焼失したので、もとの形を見ることはできない。

しかし、その前後に著した書によって、これを推測することができる。

日蓮がこのころに染筆した著書をみると、一行が一三字前後の字詰めで、一紙一五行ほどのものが多い。文永十年（一二七三）四月に著された『観心本尊抄』は、料紙が大判で二〇行と一七行とからなっている。いま、一丁の文字数を二〇〇字として計算すると、写本によるとおおよそ四万字の『開目抄』は、表裏二〇〇丁で紙数一〇〇紙もの大量にのぼる。

当時の冊子本《さっしぼん》の形は、料紙を二つ折りにして用いる、袋綴じが圧倒的に多かった。しかしこれでは大部になるし、紙に不自由な佐渡のことであるからもったいないので、料紙を広げたままで右側の端を綴じて、料紙の表裏に染筆する方法をとった。日蓮はこれをとくに「大帖《だいちょう》」と呼んで、『観心本尊抄』のような大部の著書を作成するときに用いている。『開目抄』も、おそらくこの形状で、一〇〇枚もの紙を綴じ込んだずっしりと重い量感があって、製本を終わった後で全体を二つに折り畳んでいたものとおもわれる。

旧暦の三月ともなれば、北国の雪もようやくとけて、柔らかな春の日差しが暖かな風光をもたらす。この時期を待ち望むように、弟子や檀越《だんおつ》たちが、供養の品や鎌倉から情報を持って、南風に乗り海を渡ってやってくる。二月騒動のニュースをもたらした四条金吾頼基の使者に、日蓮はこの『開目抄』を託して鎌倉に届けた。したがって、本書には二月騒動についての記述はまだ見られない。

佐渡の浄土

佐渡の信者

配所の三昧堂《さんまいどう》を住居とした日蓮ではあるが、ここからまったく離れなかったかといえば、そうではなかろう。当時の様子については、身延山《みのぶさん》から佐渡の檀越《だんのつ》である国府《こう》入道の妻国府尼に宛てた「国府尼御前御書《こうのあまごぜんごしょ》」と、阿仏房《あぶつぼう》の妻千日尼《せんにちあま》に宛てた「千日尼御前御返事」という日蓮の書状に述懐された、はるかな回顧の記事によってうかがうことができる。

国府入道夫妻は、配所で苦しむ日蓮に、「或るときは人目を恐れて夜中に食《じき》を送り、或るときは国の責めをもはばからず、身にもかわらんとせし人々」であった。千日尼も「阿仏房に櫃《ひつ》を背負わせ、夜中に度々《たびたび》御わたりありし事、いつの世にかわすらむ」とあり、入道の堂の廊で命をたびたび助けられたともいっている。入道の堂というのは邸内の持仏堂

妙　宣　寺　もとは阿仏房と千日尼夫妻の邸であったと寺伝にいう．

のことで、国府入道の館が、ある程度の規模をもっていたことがわかる。日蓮は、この入道の持仏堂をたびたび訪れて、法華経を読み信仰を語った。

国府入道夫妻と阿仏房千日尼夫妻は、おそらく塚原でのことであろうが、夜中にこっそりと食物を堂に運んで日蓮に供養した。この両夫妻は、守護所からはたびたびにわたって圧力を受けたが、けっしてこれに屈服せず供養をつづけたし、強硬な態度をみせるだけの実力を持つ階層であった。阿仏房は、後生の地獄を恐れて法華経に帰依《きえ》し、弘安二年（一二七九）に没したあと、子の藤九郎守綱がその遺志をついで法華経の信者となった。

しかしながら、佐渡での日蓮が、命をねらわれつづけたのは事実である。浄土教の僧や修験者たちが、念仏の敵として攻撃したことは、かつての小松原法難《こまつばらほうなん》をみれば十分予想できるであろう。このような生命と信仰をかけての攻防は、一方では両者の密接な接点を生むこととなり、なかには改宗して日蓮にしたがう者も現れてくる。弘安三年「千日尼御返事」の追って書きに、「山伏房《やまぶし》」という弟子が現れるのは、修験者のなかにも改宗者があったことを物語っている。しかし、長くつづくこのような危機のなかで、日蓮が身の安全を保つことができたのは、流人としての立場がかえって守護所の警護をうけることになったからであろう。また、日蓮が下総国の守護所と深いつながりを持ち、千葉介の家臣に信者があったことから、共通する意識によって、佐渡の守護所にも理解と好意をいだく者がいたかもしれない。

年が明けて、佐渡の海を南から順風が吹きわたるころになると、鎌倉や下総と佐渡を結ぶ、日蓮を支援する組織が急速にととのえられた。師を慕う弟子や信者の使者たちが、供養の銭や品を携えて、このルートをたどって来島する。それは、広い範囲を移動しながら活動する、陸と海の運送業者の教団への参加を予想させる。日蓮が揮毫《きごう》した曼荼羅本尊《まんだらほんぞん》に、「船中曼荼羅」と呼ばれる一幅があるのは、これを暗示させる。佐渡に流された日蓮を焦点に、各地から引かれた信仰者と物資輸送の動線が、新しい信仰の広がりをもたらすようになった。

文永九年（一二七二）六月十六日の日付と、「佐渡の国においてこれを図す」という脇書《わきがき》のある、小型の曼荼羅本尊が京都の妙蓮寺に伝来している。これと同じ形式のものが、なお数幅ほど伝わっていて、題目を書き与えて法華経の信仰をすすめる日蓮の伝道活動が、佐渡を舞台にくり広げられたことをうかがうことができる。

このような情況のなかで迎えた夏、日蓮は一冬を越した塚原を離れ、弟子たちとともに石田郷一谷《いちのさわ》に移った。大佐渡山脈の主峰としてそびえる金北山《きんぽくさん》の、南麓に広がる豊かな土地である。流人というので、土地の領主も預かり主も、はじめは恐れていたが、やがて心をひらくようになった。「預かりよりあずかる食は少」ないので、弟子とともにこれを分けて食べるような生活が始まった（「一谷入道殿御書」）。

佐渡の風光

日蓮が一谷に移ったころ、鎌倉では二月騒動の余波がつづき、執権北条時宗の反対派がすべて討滅されたとはいえ、社会の動揺は収まらなかった。この情報を受けた日蓮は、「去年流罪あらば、今年横死にあうべからざるか」と、処刑の覚悟を新たにしなくてはならなかった。そのいっぽうで、「日蓮が流罪にあたれば、教主釈尊は衣をもってこれを覆い」「必ず心の固きにかりて、神の守りすなわち強し」と、存命の希望をつよくいだくようになる（「真言諸宗違目」）。

金北山を見上げる佐渡の夏はうるわしく、さわやかな風がしなやかに稲田を渡る。漕ぎ手二人で渡れるという、渡りやすい夏場の佐渡の海を越えて、弟子や信者たちが日蓮のもとを訪れた。弟子は、聖教《しょうぎょう》とその抜書帳をはじめ、信者から託された供養の品を届け、師の講義の座に臨んで聴聞した。その幾人かはこの地にとどまって、佐渡で新しく入門した弟子たちとともに、伝道活動を展開して信仰をひろめた。

日蓮のもとを訪れる信者のなかには、鎌倉からはるかに山河と荒海を越えてきて、日《に》妙《みょう》という名を与えられた女性もある。有力な檀越はまとまった銅銭を送り、女性は衣類などを届けたのであろう。これらの供養の品に添えて、自分たちの置かれた現状を報告し、教義や信仰の在り方をはじめ、さまざまな指針を求める書状を呈上した。これらの質問状は、日蓮に直接に宛てるのではなく、そばに侍《はべ》る主だった弟子が受け取ってその要旨を報告し、その返事も弟子を通して与えられる。武士の社会における仕来《しきた》りが、ここでも原則的にとられている。はるばると訪れてきた日妙に、文永五年（一二六八）五月二十五日付の「日妙聖人御書」という書状がわざわざ与えられているのは、文書伝達のこのようなシステムによるものである。また、遠路を訪れた信者にとって、日蓮自筆の書状を授けられることは、信仰の絆《きずな》を確認する意味で、なによりも喜ばしいことであった。

いっぽう、二月騒動以来の政情に目を転じると、内管領の平左衛門《へいのさえもんの》尉《じょう》頼綱《よりつな》が急速に勢力をのばし、発言力が大きくなっていた。したがって、佐渡における日蓮の立場が好転することは、まず期待できないはずで、日蓮自身が幕府に対する赦免《しゃめん》の動きを拒否している。そのうえ、承久《じょうきゅう》の乱によって佐渡に流された順徳天皇が、二一年にわたる在島の後、四十六歳の生涯を終えたのは、わずか三〇年ほど前のことであったから、まだ人々の記憶に生々しく残っている。日蓮は、ふたたび鎌倉に帰ることよりも、法華経の信仰世界が実現する姿を、この風光明媚な佐渡の地に望見するようになった。

文永九年の冬は、寒さを防ぐ冬籠《ふゆご》もりの手配もできて、塚原とは比較にならないほどのよい条件のもとで、食も乏しいながらも、弟子とともに過ごすことができた。ふたたび春が訪れたころ、かねてから富木常忍に調達を依頼していた、墨と筆が送られてきた。「観心本尊抄送状」によれば、墨を三個と筆を五本である。『開目抄』という大作をはじめ、著書や書状をしたためたり、題目を染筆したので、鎌倉から持ってきた使用中であった筆も、佐渡で調達した質のよくない筆も、使用にはもう限界がきている。墨ももう少なくなっていたはずである。これらの補給を、下総の富木常忍に要請したのである。

『観心本尊抄』の述作

日蓮が、筆記用具の供養を依頼したことには、もう一つの期待が込められていた。それは、畢生《ひっせい》の大著となるべき『観心本尊抄《かんじんほんぞんしょう》』の述作を、この筆と墨を使って完成することであった。弟子たちのもたらした聖教は、著作の資料を格段に豊かにしたし、長い冬の間に熟考を重ねた論理は、整然と配列されて名文で叙述される。

「本朝沙門　日蓮　撰」と署名のある『観心本尊抄』、正式には『如来滅後五五百歳始《にょらいめつごごごひゃくさいし》観心本尊抄』は、文永十年（一二七三）卯《う》月二十五日に完成した書で、『立正安国論』『開目抄』の二書とともに「三大部」と称され、日蓮を代表する著作である。中山法華経寺に伝来し、副状《そえじょう》とともに国宝に指定されている。

全体の形状は、一七紙の料紙を広げたままで端を綴じ、表裏に染筆する「大帖」の形式をとっている。ただし、第一紙から第一二紙までは、縦三三・〇センチに幅五四・二センチという大判の楮紙《ちょし》を用いて、一紙に二〇行、一行に一五文字である。第一三紙から第一七紙までは、これより少し小ぶりの縦三〇・四センチに幅四五・四センチの斐紙《ひし》（雁皮紙）を使用していて、一紙に一七行、一行に一三文字である。あらかじめ作成された大帖に、内題から染筆している。もとは表《おもて》表紙がつけてあったが、現在は中山法華経寺初代の日常の筆跡とみられる外題だけが、別に切り取られて畳紙《たとうがみ》に貼り付けられている。

題名の『如来滅後五五百歳始観心本尊抄』の意味についてみよう。まず「如来滅後五五百歳」というのは、釈迦が入滅してから二五〇〇年目にあたる末法の世のことで、「始」は「はじめて」の意である。「観心本尊」とは、信仰の心の中に描き上げた仏界を礼拝する本尊という意味で、「抄」は抜き書きのことである。したがってこの題名は、「末法の世

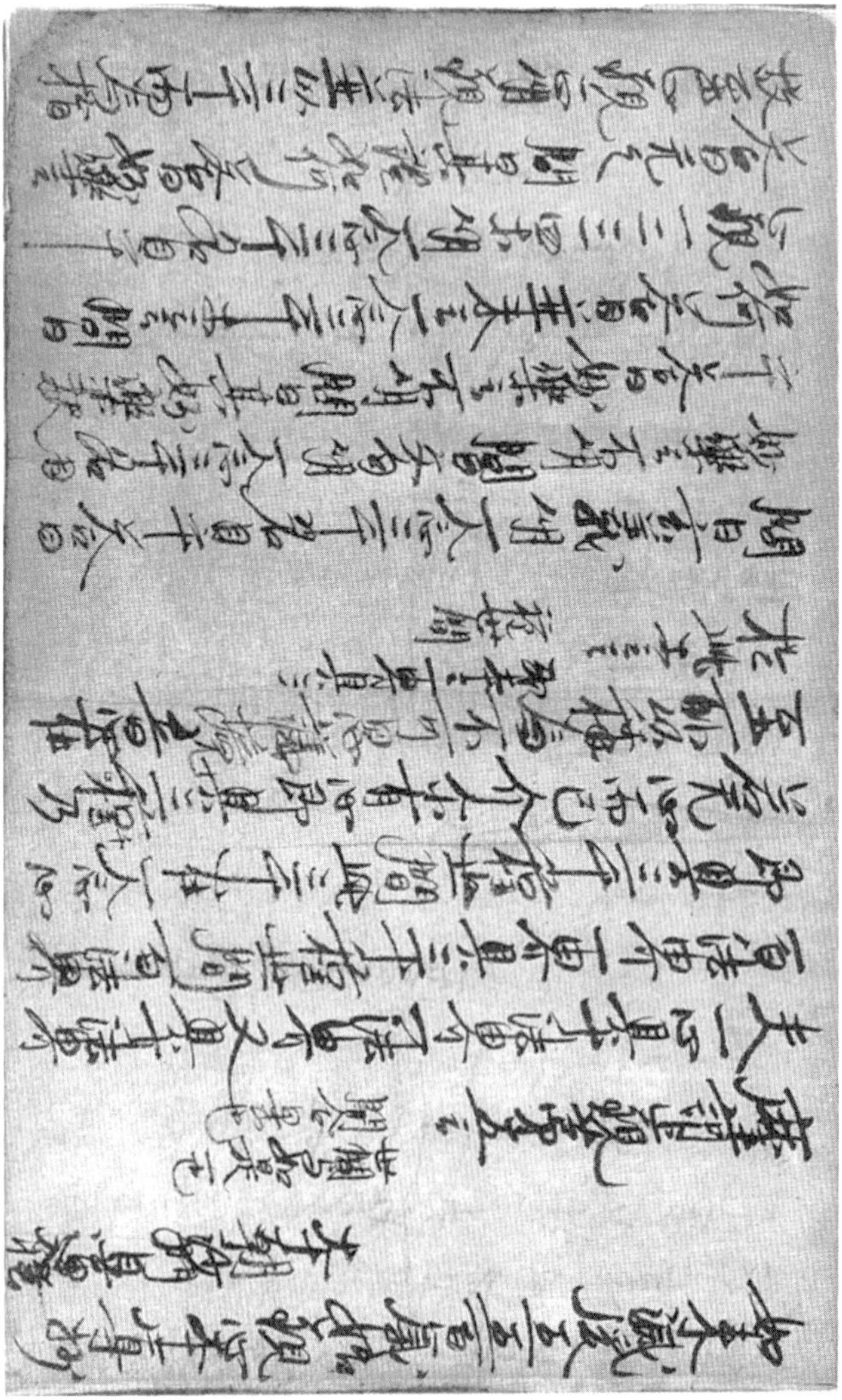

観心本尊抄（国宝　中山法華経寺蔵）　正式には『如来滅後五五百歳始観心本尊抄』という。解装された時の写真で，右端に綴穴がみえる。

にはじめて明らかにする、法華経信仰の心と礼拝すべき本尊についての、経典の抄録」という意味である。抄録といっても、単なる抜き書きではなく、これを論点にしたがって配置し、一つの論理体系を組み立てるのである。

冒頭から「摩訶止観《まかしかん》第五にいわく、それ一心に十法界を具す……」と、天台大師が著した『摩訶止観』の引用文から始まる『観心本尊抄』は、格調高い漢文体の文章で、他の著書と同様に問答体の形式をとっている。冒頭の引用文は、天台大師の説く「一念三千」論で、これが問題提起としての意味を持つ。この法門は、凡夫の一念のなかに、時空をこえた無限の広がりをもつ仏法の究極的な宇宙が内在し、これを法華経の文言の奥底に見いだすことが、法華経の本意であることを述べる。この世界をみずからの心中に見いだして、永遠なる安心を得ようとすれば、釈尊の三世にわたる功徳《くどく》が込められている、「南無妙法蓮華経」の題目を信じ唱えるという信仰の実践によってこそ、おのずからその境地が与えられると説く。一念三千の論理と、題目を唱えるという修行とが響きあってこそ、絶対的な救いの境地、すなわち法華経の浄土が望見され、現出するという。

理想郷の予言

この法華経浄土は、けっして次元の違うはるかなる彼方に現れるのではなく、現実の世界が滅尽するとともに、すぐその地上にこそ現出する理想世界と、日蓮は予言する。末法の今、現実の世界にあらわれるべき法華経の浄土は、ありとあらゆる災難を離れた楽土で、しかも永遠に衰えも滅びもしない絶対なる信仰の宇宙である。ここに位置する仏は、遠い過去から永遠の未来にいたるまで、不生不滅の久遠《くおん》の存在であり、仏の教えにしたがって修行する法華経の行者も、仏と同様に永遠の生命を得ることができる。浄土はまさに現世にこそ現れる。

この地上に出現すべき法華経の浄土のありさまは、仏がすでに本尊としての形で法華経の菩薩に示していて、顕現した浄土の虚空に高くかかった宝塔の姿で描き上げられる。それは、塔の中央に南無妙法蓮華経の題目が掲げられ、その左右に釈迦牟尼仏《しゃかむにぶつ》と多宝仏とが並び座し、上行《じょうぎょう》菩薩・無辺行《むへんぎょう》菩薩・浄行《じょうぎょう》菩薩・安立行《あんりゅうぎょう》菩薩の四菩薩《しぼさつ》が周囲に侍り、その他大勢の仏菩薩等は末座に連なるという、壮大な仏界の構図である。

仏の予言には、末法の世に法華経を実践し広める使命を帯びた、四菩薩が大地からあらわれて、仏から付属された本尊をかかげ、「妙法蓮華経」の五字を広めるとある。蒙古の襲来によって日本が亡国の危機に瀕《ひん》した今こそ、法華経の四菩薩が大地から涌出《ゆじゅつ》して、釈尊の両脇に座ると、「一閻浮提《いちえんぶだい》」といわれる仏教世界第一の本尊が、この国土に高くかかげられる。しかも今、これらの四菩薩は、仏の命令の下るのを待って、大地の下に待機しているといい、仏から成仏を約束された者は、必ず守護されるべきことを確約して、この書を終わる。

『観心本尊抄』を通読すると、森羅万象《しんらばんしょう》すべてが仏のもとで仏性《ぶっしょう》を内包するという、一念三千の観念を、法華経の思想にたって開陳する。この法華経の信仰によって、現実の地上に現れる浄土の姿と、ここにかかげられる本尊の構図を描き上げ、その時がすでに間近に迫っていることを予言している。ここには、日蓮が法華経信仰によせる浄土が顕現する夢と、衆生《しゅじょう》救済のあくなき情熱をうかがうことができる。

ここでひとつ注目すべきことは、さきにも述べたように、第一三紙から第一七紙までの五紙が、楮紙を料紙とした第一二紙までとは異なり、寸法が一回り小ぶりの、雁皮《がんぴ》を材料にした斐紙《ひし》を用いていることである。このことについて、佐渡では紙が不足していたからと説明していたが、当時の情況からみるとそうではあるまい。日蓮は、弟子に教授するために作成する図表やメモには、たびたび使用しても破損しないように、強靭な斐紙をよく用いている。文書の様式に詳しい日蓮であるから、書の内容について何かを期することがあるに違いない。この部分は、四菩薩が大地より現れ出て浄土となり、法華経の本尊が高くかかげられると、浄土出現の予言を述べたところである。

墨三と五本の筆

日蓮が『観心本尊抄』の浄書を終わったのは、五月二十五日のことである。最後に「日蓮これを註す」としたため、改めて本文をもう一度丹念に読み返しながら、添削を加えて完成する。この大帖を三つに折って畳紙《たとうし》で包み、帯をして使者に持たせる準備を整えた。その翌日、富木常忍に宛てて返事を書き、『観心本尊抄』とともに下総に帰る使者に託した。「観心本尊抄副状《そえじょう》」と称する、二紙の書状がこれである。

文頭に「帷《かたびら》一、墨三長、筆五管を給び候いおわんぬ」とあって、供養の謝意を述べている。帷は、夏の着物として、富木常忍の母が丹精して縫い上げたものであろう。次のところを「墨三長、筆五管」と読んでみたが、どうであろうか。従来は「筆五巻」としている。これに続く記事にみえる、三個の墨は油煙墨であり、五本の筆は穂先が豊かで墨持ちがよい、良質の筆であった。とくにそのなかの一本は、大きい文字を大書するに適した、穂先の大きい大筆であったはずである。これらの書の道具を、日蓮は富木常忍に調達を依頼して送ってもらった。

次に、『観心本尊抄』を託した相手であるが、副状の宛名によって、富木常忍を第一に挙げ、兼ねては（本文にある）「太田（乗明）殿・（曾谷）教信御房等」に与えたと見ている。しかし、本来的に意志を伝達することを目的とする文書では、用件書きの内容がまず大事で、宛名は必ずしもその意志を第一に伝える相手とは限らない。むしろ本文に現れる太田と曾谷の両人が中心となって、この書を託されたはずである。もちろん、下総の信者たちの日蓮に対する窓口となっていたのは、千葉介の家臣である富木常忍であった。

日蓮は、『観心本尊抄』の内容について、わざわざ「この事は日蓮当身の大事なり」と断っていて、その所説が容易ならざる内容であることを強調する。したがって「この書は難多く答え少なく……人の心を驚動すべき」内容が盛られているから、たとい読むにしても、三人四人と座を並べて読んではならないと告げている。墨付きを表に背中合わせにした二紙の書状を、奥の余白が表に出るように巻いたうえで、第一紙の端を細く切って帯のように巻き、墨引きを引いて切封《きりふう》を施し、「富木殿　日蓮」と上書きを書いた。

下総からの使者は、こうしてできあがった『観心本尊抄』と『観心本尊抄副状』を大事に携えて、南をさして帰って行った。

大曼荼羅本尊の揮毫

これから七三日後の文永十年（一二七三）七月八日、日蓮は「佐渡《さど》始顕《しけんの》大曼荼羅《まんだら》」を揮毫した。それは『観心本尊抄』で示した本尊のように、「南無妙法蓮華経」の題目を中心に、釈迦・多宝の菩薩が並び座し、周囲を四菩薩が囲繞《いにょう》して立ち、他の諸仏菩薩等がその末座に侍るという構図を、仏菩薩の尊名を墨書の文字で表現して、法華経信仰の本尊としてかかげる文字曼荼羅である。この曼荼羅本尊は、身延山久遠寺《くおんじ》に伝来していたが、明治八年（一八七五）の大火で焼失してしまった。幸い、近世の中期に、久遠寺の住持日亨《にちこう》が臨写した『御本尊鑑《ごほんぞんかがみ》』に収められているので、この記事によって原本の姿をうかがってみよう。

佐渡始顕の曼荼羅本尊
身延山久遠寺日亨『御本尊鑑』の謄写本による.

この曼荼羅本尊は、天地が五尺八寸二分（一七六・三センチ）に幅が二尺六寸一分（七九・〇センチ）の絹地に染筆された、絹本《けんぽん》に墨書の大型の一幅で、法華経の浄土に高くかかげるに相《ふさ》応《わ》しい大きさである。日蓮の署名の脇に「文永八年太才辛未《かのとひつじ》九月十二日、御勘を蒙り、佐渡の国に遠流《おんる》。同十年太才癸酉《みずのとのとり》七月八日これを図す」とある。つづいて「この法華経大曼荼羅は、仏滅後二千二百二十余年　一閻浮提の内　未曾有なり。日蓮始めてこれを図す」と記されている。この記事によって、「佐渡始顕大曼荼羅本尊」が『観心本尊抄』の予言の通りに揮毫《きごう》されたことがわかる。ちなみに、日蓮がこの大曼荼羅を揮毫したことを「図顕《ずけん》」といい、これは「心中に秘めた曼荼羅の姿を、図によって外に顕《あら》わした」という意味である。法華経の説法を聴こうと、霊鷲山に来集した大衆の姿である。

その翌年の六月、身延山に入山した日蓮は、沙門《しゃもん》天目に授与するために、絹本《けんぽん》の曼荼羅本尊を揮毫した。現在は京都の妙満寺に伝えられていて、その絹地《きぬじ》の法量は、天地と幅がそれぞれ一一・一センチと一・三センチほど小さいだけで、ほとんど同じ大きさといってもよい。また、ここに勧請《かんじょう》されている仏菩薩諸尊も、ほとんど同様に記されている。この曼荼羅本尊は、「佐渡始顕大曼荼羅本尊」を彷彿《ほうふつ》とさせ、その原型をうかがううえでまことに貴重な一幅である。

中央の「南無妙法蓮華経」の題目は、発する光明が宇宙に遍在する姿を、点画《てんかく》を伸ばすことによって表現する、「光明点」を施して大書している。その両脇の上段には釈迦・多宝の二仏と四菩薩が位置し、中段には文殊《もんじゅ》・弥勒《みろく》菩薩をはじめ天部の諸尊などが並び、下段には法華経の人師として崇める天台・伝教大師が配置されている。この法華経世界を守護する四天王が四隅を固め、梵字《ぼんじ》であらわされる不動・愛染明王が両脇に位置づけられている。仏界の最上部には法華経信仰の利益を確言する経文の一句を示し、下部には曼荼羅本尊の縁起を語る「讃文《さんもん》」が、右下には揮毫の日付などが記される。これらを染筆したうえで、最後に「日蓮」の署名と花押が据えられる。この説明の順序で、純白の絹地に墨痕鮮やかな曼荼羅本尊が、堂々と揮毫される。なにかと声をあげることを習いとしている日蓮は、尊名や経文などを口に唱えながら、筆を運んだのであろう。

日蓮がこの頃用いた筆に注意してみよう。富木常忍から供養された、五本の筆のうちの一本は、『観心本尊抄』の浄書に用いられたことは確実である。その筆跡をみると、穂先が豊かで墨持ちのよい、中位の太さの筆であったと推測される。次に本文に施された添削の筆跡をみると、これとは別の小筆を用いている。

ついで、「佐渡始顕大曼荼羅本尊」の筆跡をみると、中央の題目と、不動・愛染明王と四天王、日蓮の署名と花押は、太い穂先をつけた大筆を用いている。文永十年（一二七三）の夏から文永十一年にかけて染筆された、佐渡妙宣寺の「女人成仏の御本尊」（紙本《しほん》）や先述の妙満寺所蔵の曼荼羅本尊は、いずれもこれと同じ筆を用いているので、曼荼羅本尊を揮毫するための筆を、とくに定めていた節がある。

大中小三種の筆五本を調えることは、当時としてはけっして容易ではないはずで、なかでも大筆は日宋貿易による輸入品に頼らなくてはならない。日蓮は、塚原から一谷に移ったのち間もなく、『観心本尊抄』を述作したうえで、曼荼羅本尊を揮毫し続けることを、すでに決意していた。そのうえで、大中小三種の筆の調達を、富木常忍に要請したことが推察できる。

日蓮は、『観心本尊抄』で「ひとえに四大菩薩出現すべき前兆」をあげ、一閻浮提第一の本尊の出現を予言した。その予言どおり、みずからの手で曼荼羅本尊を図顕したとき、日蓮は末法の世の救世者＝菩薩としての聖性を確認し、その後曼荼羅本尊を揮毫しつづけることによって、聖者としての道を確実に歩む。

流罪の赦免

死を覚悟しながらも永遠なる生を誓い、佐渡の地に地上の浄土を望みながら鎌倉への帰還を願うという、訪れて来る弟子と信者たちを前に、矛盾した心の葛藤に日蓮は悩みつづけた。文永十年閏《うるう》五月十一日の「顕仏未来記」には、死の覚悟を語って「この両三年の間の事、すでに死罪に及ばんとす。今年今月、万が一にも身命を逃れがたきか」と述べる。同年十一月三日の「土木殿御返事」には、疫病が広がって「死難逃れがた」いと報じている。

このような危機に瀕した情況のもとで、「天より降る雨は地に落ちずとも、日蓮は鎌倉へ帰るべからず」と帰還を断念しながらも、「本国へ返したまえと、高き山に登りて叫」んだ。このように流罪の赦免を願って「強盛に天に申せしかば、頭の白き烏飛びきたりぬ

（中略）山鳥は頭も白くなりにけり、我が帰るべき期や来ぬらん」（「光日房御書」）と、帰還の期待を込めて眺めたと述懐する。

在島の期間が長くなると、弟子や信者たちの往来もさらに頻繁になり、佐渡での信者もようやく増加し、なかには改宗する僧や出家して僧になる者も現れた。文永十年十二月七日、佐渡の守護をつとめる武蔵前司大仏宣時は、守護代の依智《えち》六郎左衛門尉に、日蓮の所行を取り締まることを命じている。日蓮をめぐる周囲のありさまは、複雑に急速な展開をみせる。

このような情況のもとに文永十一年（一二七四）を迎えると、その三月八日に御赦免状が守護所に届いて、急遽鎌倉に帰ることになった。その事情を要領よくまとめて叙述された「光日房御書《こうにちぼうごしょ》」によって、これをうかがってみよう。

文永十一年二月十四日の御赦免状、同三月八日に佐渡の国に着きぬ。同十三日に国を発ちて網羅《まうら》という津におりて、十四日はかの津にとどまり、同じき十五日に越後の寺泊につくべきが、大風にはなたれ、さいわいに二日じをすぎて柏崎につきて、次の日は国府につき、十二日をへて三月二十六日に鎌倉へ入りぬ。

赦免状が佐渡に届いた八日から、五日目の十三日には一谷を出発するという、あわただしい旅立である。二年と五ヵ月あまりにわたる、流人としての厳しく辛い日々ではあったが、佐渡の人々との別れは、「剃りたる髪を後ろへ引かれ、進む足も返」るような（「国府尼御前御書」）、悲しくも名残惜しいものであった。

流浪の聖者――身延入山

鎌倉の残照

日蓮の鎌倉帰還は、さみしいものだった。陰に陽に日蓮を支持した名越《なごえ》氏一族はほとんど勢力を失い、鎌倉に詰めていた御家人《ごけにん》たちも、自分の土地に帰ったり、蒙古防衛のために九州に出陣していた。鎌倉に拠点をもっていた下総《しもうさ》の千葉《ちばの》介頼胤《すけよりたね》は、はるか肥前国小城《おぎ》郡（佐賀県小城町）に赴いて、出陣の準備をととのえている。文永八年（一二七二）の法難によって、信仰を捨てた鎌倉在住の者もじつに多く、今や日蓮を支える教団の主な勢力は、南関東の東部や東海地方に移っていた。弟子とともに帰って来た日蓮は、四条頼基《よりもと》ら数少ない信者たちに迎えられたが、その鎌倉の地が、二年半のうちにまるで空虚なものになったと、実感されたはずである。

やがて一二日あまり後の四月八日、日蓮は鎌倉幕府の要請によって出頭し、平左衛門尉頼綱《よりつな》に面会した。このときに意見をかわした様子を、後に「下山御消息」のなかで、次のように語っている。

平頼綱に面会した日蓮は、今度の流罪がまことに理不尽の御勘気《ごかんき》であることを、くわしく申し述べた。それにつけても、この日本国が他国のために攻め滅ぼされようとしていることは、じつに嘆かわしいことであると述懐すると、いつころに蒙古は攻めて来るかと、頼綱は聞いた。日蓮はこれに答えて、「法華経の経文には、はっきりとその年月を指してはいないが、天の御気色を拝見すると、以《も》っての外にこの国をにらんでいる。今年はきっと押し寄せて来るに違いない」という。つづけて、「これは日本国に対する天の責めである。この日蓮の主張をあなたがたが無視して用いなかったら、私の力ではこれを免れることはできない。真言の祈禱に頼って蒙古調伏を行いたまうな。もし祈禱を行ったら、事態はますます悪くなる」と確言して退出した。しかし、日蓮のこのような主張に対して、幕府はなんら反応を示すことはなかった。

日蓮は、竜《たつ》ノ口《くち》法難から佐渡配流にわたる、命がけの二年半を越えて、受難を信仰上に意味づけるとともに、高次の法華経信仰の境地を開いた。幕府の要路との対面によって、さらに高揚した法華経信仰の確信が、危機に直面した日本の政治情況と向きあって、新たな展開の道が開けることを、最後の機会として期待していた。『立正安国論』の呈上と、鎌倉で逮捕されて配流の途上に叫んだ声明、それに今度の出来事を合わせて、法華経信仰の受持を求める「三度の功名」といったのは、このためである。

いっぽう、幕府が文永八年九月に御家人に御教書《みぎょうしょ》を発して、蒙古防衛の臨戦態勢をととのえてから、もう二年半もたとうというのに、局面はまったく固定したままである。重苦しい時間ほど長く感じるものはないし、本領を離れて九州に赴いた御家人にとっては、所領の管理をめぐる深刻な問題もうまれてくるだろう。幕府は、蒙古の来襲がいつなのかを、なによりも早く知りたかったので、予知能力を期待される日蓮に、その答えを求めたのである。したがって幕府にとっては、「今年中には」という返答を得ればよいのであって、それ以上の見解はまったく意に介する必要はない。宗教と政治は、まったく接点を見いだすことがなかった。

流浪の旅

下総の守護所《しゅごしょ》は、かねてから日蓮にとって、安息の地であった。しかし、保護を期待すべき守護の千葉介頼胤は、異国警護の命令を受けて、九州の小城郡にある所領に家臣らとともに移り、防衛のため博多に出陣していた。これまでのような処遇は、もはや期待すべくもない。

日蓮は、わずかの弟子をともなって、五月十二日の早朝、このような情況にある鎌倉を離れて、足を西に向けた。その日のうちに一〇里（四〇キロ）ばかりを歩いて、酒匂川《さかわがわ》の宿で泊まり、翌日は箱根の急坂にかかる。翌十三日には竹之下、十四日には車返と進んで、十五日には大宮（富士宮）にいたり、富士川をさかのぼって十六日に南部に泊まり、五月十七日に波木井《はきい》についた。この地の領主は、南部氏一族で信者であった波木井《はきい》実長《さねなが》で、旅の日蓮を迎えた。

波木井の館に着いた日蓮は、下総の富木常忍《ときじようにん》にさっそく書状をしたため、鎌倉からの旅程を物語るとともに、心中を披瀝《ひれき》している。旅に出た日蓮は、定住の場所をまだ決めているわけではないが、山と川をめぐらせた身延山の四囲の様子が、とても心にかなったので、しばらくはここに滞留することにした。しかし、結局はやがてただ一人になって、日本国を浮浪する身であると、漂泊の心を語る。五月中旬といえば、ちょうど米の端境期にあたるので、山間部で生産力が低いこの地域では、飢饉が迫っていて一合の米さえも売ってくれない。このままでは餓死しそうなので、弟子たちもここから皆帰して、ただ一人で山中に隠栖《いんせい》するつもりである。強い意志をもって法難を克服した後、自分の願いがまったく容れられない無力感と孤独感を、日蓮はひしひしと感じていた。

富士川をさかのぼった日蓮は、これからいったいどこを目指して、隠栖の旅をつづけようとしたのであろうか。平安時代から、持経者《じきようしや》とか聖《ひじり》とか呼ばれた聖者《せいじや》は、人跡まれな峻険な山岳や深い谷川を選んで、山中の小庵を終《つい》の棲《す》み家とした。法華経の行者を自認す

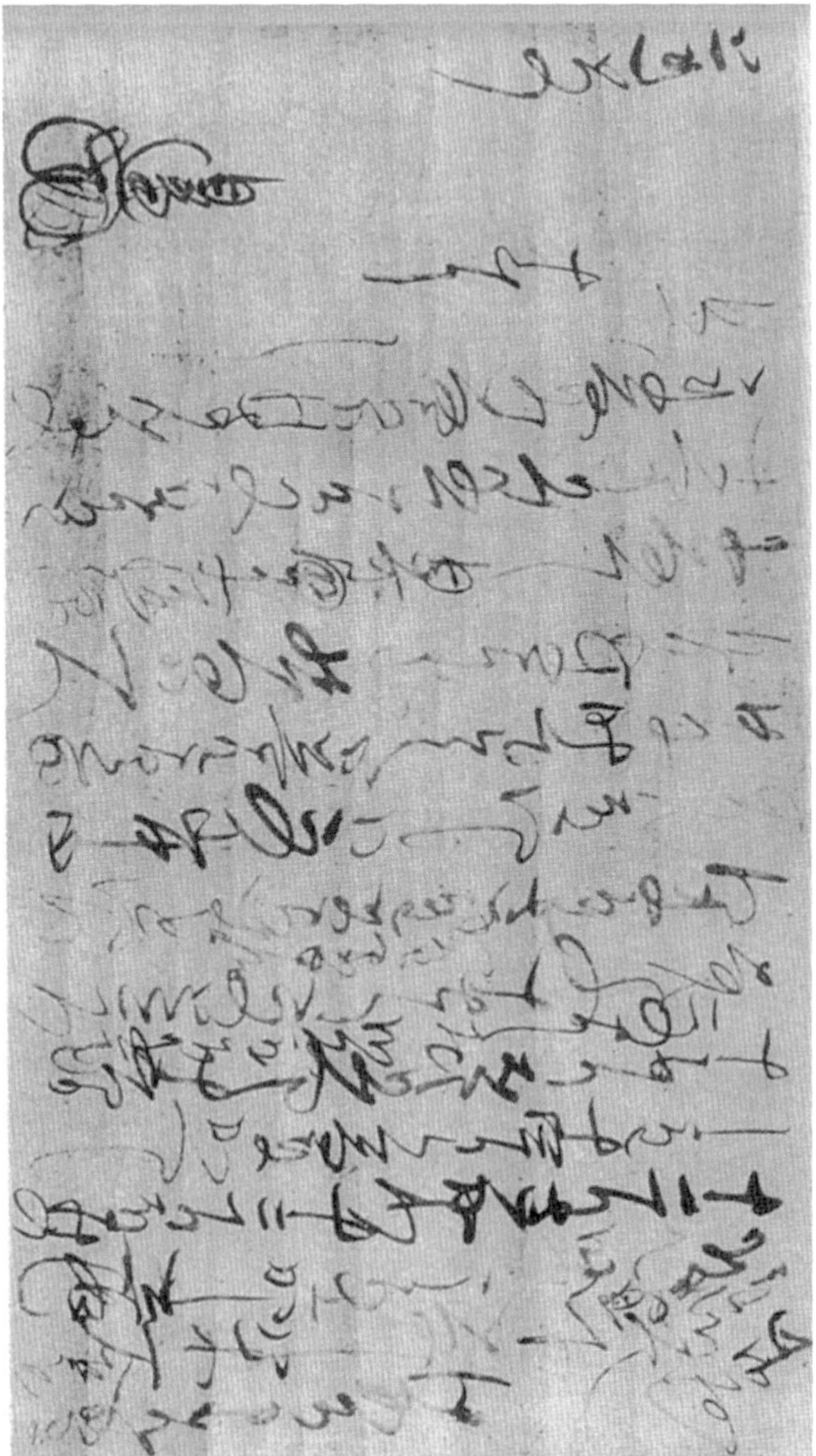

富木殿御書（重文　中山法華経寺蔵）文永11年5月17日，身延に到着した
その日にしたためた書状で，隠棲の心を語っている．

る「日蓮聖人」も、あるいは信濃国の険阻な山容のなかに、晩年の安住の地を求めようとしたのではなかろうか。しかし、日蓮は、険しく激しい四山四河に囲まれた、身延の地に足を留めることになった。

山中の風光

富士川流域の高山に囲まれた身延山は、本州を二分する構造線上に位置しているので、周囲の地勢は複雑で険阻《けんそ》な姿を見せる。深い谷からほとばしる谷川の水は、急流で知られる富士川に流れ注ぐ。激流をさかのぼってやっとたどり着く身延の地は、鎌倉からはるかに隔たった僻遠《へきえん》の地で、さらにその山中の狭い谷間に庵室を構えて住むことに、心を決した。やがて冬が訪れた十一月、駿河の富士山麓に住む上野殿の書状に返事をしたためて、山居の心を披瀝している。

そもそも日蓮は、日本国を助けんと深く思えども、日本国の上下万民一同に、国の滅ぶべきゆえにや、用いられざる上、力及ばず山林に交わり候いぬ。

日蓮は、法華経の信仰を広めることによって、危機に瀕した日本を救おうと願った。しかし、正法《しょうぼう》の信仰を拒否する上下万人にはこの願いが容れられないので、ついに隠栖を決意したという。いまや、漂泊の思いはすでに消えて、隠栖そのものを読み直すようになっている。その庵室があった場所は、波木井川から身延山と鷹取山の深い谷に入ったところで、ほんとうに狭い平地であったから、冬は日照時間も短く、夏は暑く湿度の高い厳しい気象条件であった。とくに水質が悪く、谷から流れ下る生水をそのまま飲みつづけると、下痢になって苦しむことがしばしばである。

身延の谷間から眺めた風光を、日蓮は「東は天子の嶺、西は七面の嶺、南は鷹取の嶺、北は身延嶺、高き屏風を四つついたてたるがごとし」(「新尼御前御返事」)と述べる。また、この山野を走り抜ける激流を動的にとらえて、躍動感を実感する。

富士川と申す日本第一の早き河、北より南に流れたり。この河は東西は高山なり。谷深く、左右は大石にして、高き屏風を立て並べたるがごとくなり。河水は筒中に強兵が矢を射いだしたるがごとし。

富士川とその支流にあたるこれらの河は、富士川・早川・大白河・身延川・波木井川などである。このような山と河は、立体的かつ動的に景観として組み上げられて、「四山四河」とよぶ。この「四山四河」の底に、まるで洞《ほら》にでも入ったような、周囲から隔絶された平らな所に、日蓮は草庵を営み弟子たちとともに隠栖生活を送った。このように、「昼は日を見ず、夜は月を拝せず、冬は雪深く、夏は草茂」る(「種種御振舞御書《しゅしゅおんふるまいごしょ》」)谷あいの場所を、隔絶された一つの地域空間としてとらえ、法華経の聖地として位置づけている。このような地域観念は、時間とともにしだいに増幅され、さまざまな儀礼を創出することとなる。

　しかしながら、俗界から隔絶された地とはいえ、身延は決して情報が届かないような、僻遠の地ではなかった。富士川にそって遡上する道は、太平洋岸の東海道から山中の甲州にいたる、情報と物資の往来する重要な役割を果たしていた。その道程《みちのり》の中程に広がる要衝に所領を占めるのが、波木井実長の属する南部氏一族で、惣領の南部時実《ときざね》は北条時頼に仕え、臨終の場に侍ったほどの、御内人《みうちびと》の主要な一人であった。日蓮の住む身延山の庵室は、南部地方から北上する往還に向かって開ける深い谷の奥に営まれたので、世上のさまざまな情報は、いち早く確実に日蓮のもとに届き、その判断と対応を仰がれるのが常であった。その上、山中に滞留して師に仕える弟子がようやく多くなり、在地と身延山を往復する弟子や信者も数を増し、隠栖の地としてよりもむしろ教団の拠点として、重要な役割を果たすようになる。

時を見つめて

著書と書状の執筆

身延山の庵室で高弟を従えて営まれた、日蓮の日常生活はじつに多岐にわたるものであり、隠栖《いんせい》というより教団の拠点を確立する意図が、しだいに色濃くなっていく。そのもっとも精力的に行われたことは、法華経信仰を鼓吹《こすい》するための著書の執筆と、仏法の相続に備えた文献の書写である。日蓮が図書の集積を図った身延山の書庫が、明治初年の身延山大火のために焼失してしまったので、文庫の全貌は残された図書目録によってうかがうほかはない。ただ、中山法華経寺《なかやまほけきょうじ》をはじめとする諸寺院には、写本や手沢本《しゅたくぼん》などがいくつか伝来しているので、これらも参考にすることができる。

日蓮が身延山に住んでいた時期の著書は、すべて長く継いだ継ぎ紙に執筆され、のちに表紙をつけた巻子本《かんすぼん》に成巻されている。幾紙かの日蓮の真蹟《しんせき》を前にしたとき、これが著書か書状かを判断するには、おおよそ文字が料紙の継ぎ目を渡っているかどうかを見ればよい。それが著書なのか書状なのかを見分けることは、その内容を解釈し理解するうえで大切なことである。

身延期の著書としてもっとも重要なものは『撰時抄《せんじしょう》』で、仏教の歴史を踏まえて法華経流布の必然性を説き、みずからの使命と責任を開陳する。また、清澄《きよすみ》在山時代の師匠であった道善房《どうぜんぼう》の死を聞いて、その受けた仏法修学の恩義を説き、法華経の広がりを確言し、師の冥福《めいふく》を祈る『報恩抄《ほうおんじょう》』を著している。この二書は、『立正安国論《りっしょうあんこくろん》』『開目抄《かいもくしょう》』『観心本尊抄《かんじんほんぞんしょう》』とともに、代表的な日蓮の著書をいう「三大部」に加えて、「五大部」として重要視されている。ともに楮紙《ちょし》の継ぎ紙に染筆した巻子本で、とくに『報恩抄』は本文が表裏に染筆されている。

日蓮の真蹟に特徴的な一つは、仏典を釈迦が説いた順序や、その注目すべき章句を線で結んだ図で示したり、インドから中国をへて日本に伝来して、今日に至る継承の次第を同様に表示する、教授用のテキストを作成したことである。「一代五時図」と呼ばれるこれは、巻子本の形式をとる継ぎ紙で、表の中には、擦《す》り消して訂正したり、反対向きに加筆した部分がある。これは、受講生の方に向けて図表を開き、臨機応変に訂正などをしながら、講義がすすめられた様子を物語っている。用いられる料紙も一般的な楮紙ではなく、強靭な斐紙《ひし》をわざわざ使用していることがある。

講説の教案を作成するにあたっては、一紙ごとに一項目が完結するように聖教《しょうぎょう》を抜き書きし、テーマの順序にしたがってこれを抜き出して重ね、要点を見ながら講義を進めていったようである。講義が終了した後、これをそのまま重ねておいたものを、後世になって保存のために巻子本に仕立てたものがある。中山法華経寺に伝来する「華厳法相三論天台真言元祖事」はその一つで、サイズの違う八紙にそれぞれ書かれた、各宗の元祖についての要文《ようもん》を、順序をつけて並べている。このように、一紙ごとにまとめて筆写された要文を、「一紙要文《いっしようもん》」と呼ぶのはどうだろうか。いずれにしても、今日のカード式教授法ともいうべき、優れた教育法をとっていたことは注目される。

書状の種類と形

日本仏教の宗祖のなかで、真蹟書状をもっとも多く今日に伝えているのは、いうまでもなく日蓮である。しかも、書状の書式や形状については、きわめて厳格な方式を守っている。料紙の用い方にしても、封の仕方についてみても、当時の作法によくかなっていたが、この原則を破るときにはそれなりの理由を必ず用意していた。それは、文筆官僚の家系から生まれたとみられる、日蓮の面目躍如たるものであった。

本来、書状は一紙で完結するのが原則で、記述すべき事柄が多い場合には、追って書きや行間書という余白の部分が十分にとってある。しかし、日蓮はこの原則をわざわざ破って、多いときには「曾谷入道許御書《そやにゅうどうがりごしょ》」のように、四五紙にものぼる長文の書状をしたためている。現存する真蹟書状から、日蓮が書状を執筆する手順が、どうやら推測できるようになった。

執筆の机上には、幾紙かの料紙を重ねて置き、筆と硯《すずり》を用意する。料紙は楮《こうぞ》を原料にした楮紙《ちょし》で、漉《す》いたままの紙の四辺をきれいに裁断して、真四角にととのえるのは、弟子の仕事である。ときには、急いで裁断したために、わずかながらイビツになってしまったものを、そのまま使用した例もある。墨は松煙《しょうえん》を材料とした青墨を用い、筆は中穂くらいのものを使用したらしい。

書き出しの部分から大きな文字で書きはじめ、勢いのよい闊達な運筆が綿々とつづく。一紙を書き終えるとめくって横に置き、次の一紙に書き移るので、巻子本のように文字が継ぎ目を渡らない。文字の大きさは驚くほどで、中山法華経寺に伝わる「鵞目御消息《がもくごしょうそく》」の冒頭にある「鵞」の文字は、一文字で縦が二〇㌢、幅が一五㌢ほどもある。これは、日蓮からの書状を使僧が信者に読み聞かせるとき、まずこれを聴衆に広げて見せるためではなかろうか。

やがて書状を書き終わると、必ず丹念に読み返して綿密に加筆訂正し、丁付の番号をつけて執筆を終わる。後世になると、日蓮の書状を巻子本に仕立てて保存を図るが、日付や署名などが失われていた場合には、本文の文字が継ぎ目を渡るかどうか、丁付けの数字があるかどうかが、書状と著書を区別する重要なカギとなる。

執筆の終わった書状は、順番どおりに重ね、墨付きが表に出るように二つ折りにし、さらに三つ折りにして畳む。その上に上巻をもう一紙つけてコヨリで帯をして、封印のための二本線を引き、宛名と署名をもう一度記して、書状のできあがりである。ただし、料紙が四紙か五紙という程度の書状では、折り畳んだうえで、紙の端の部分を細く切り取って帯にする、いわゆる「切り封」の形式をとっている。

身近な信者からの供養に対する謝礼には、折紙を用いた。供物を運んできた使者に、口頭で伝えればすむような謝礼の言葉を、念のためにと書状にしたためて言付けるというのが、折紙のもつ薄礼の意味である。また、弟子に対する命令には、この折紙の形式をとることが多かった。

曼荼羅本尊の授与

法華経の聖者として崇《あが》められる日蓮が、一門の僧俗に対するもっとも重要な信仰上の営みは、曼荼羅本尊の書写と授与である。身延在山の間に、日蓮はいったい何幅の曼荼羅本尊を書写したかは、弟子の日興が記した『本尊分与帳』や、現存する真蹟によって見当づけられるとはいうものの、実際にはさらに検討が必要で、総数はとても推しはかれない。

弘安二年（一二七九）四月八日の釈迦誕生日にあたって、日蓮は、三紙を継いだ中型に属する「三枚継ぎの本尊」二幅を揮毫《きごう》した。現在、千葉県の藻原寺《そうげんじ》と静岡県の妙法華寺に伝わっているが、両方を写真で比べてみると、前者の方が全体的に勢いがよく、後者にはなんとなく疲れが見える。おそらく、曼荼羅本尊の書写には精魂を傾けたから、一日に二幅の揮毫がやっとのことであったのだろう。

曼荼羅本尊の大きさは、一紙からなる小型、三紙から八紙の中型、一〇紙以上の大型に分類できる。用いられる料紙は、丈一尺五寸（四五㌢）に幅一尺（三〇㌢）ほどの寸法が基準で、丹念に打紙加工が施されている。基本的には楮紙が使用されているが、なかには強度を出すために雁皮《がんぴ》と混ぜて漉いたものもあるようである。中・大型のものは、防虫やかかげるときの用心のために、黄檗《きはだ》などの染料で染めている。

小型の曼荼羅本尊は、料紙を縦長に用い、中型のうち三紙のものは横長の料紙を、縦に段々につないでいる。大型の曼荼羅本尊は、それぞれ工夫して継ぎ紙を作り、縦長に置いて料紙とした。これを今日に見るように、仏画表装に仕立てるようになったのは、ずっと後のことで、はじめは本紙の上と下に狭い紙と簡単な八双《はっそう》と軸《じく》をつけて、壁面にかかげて

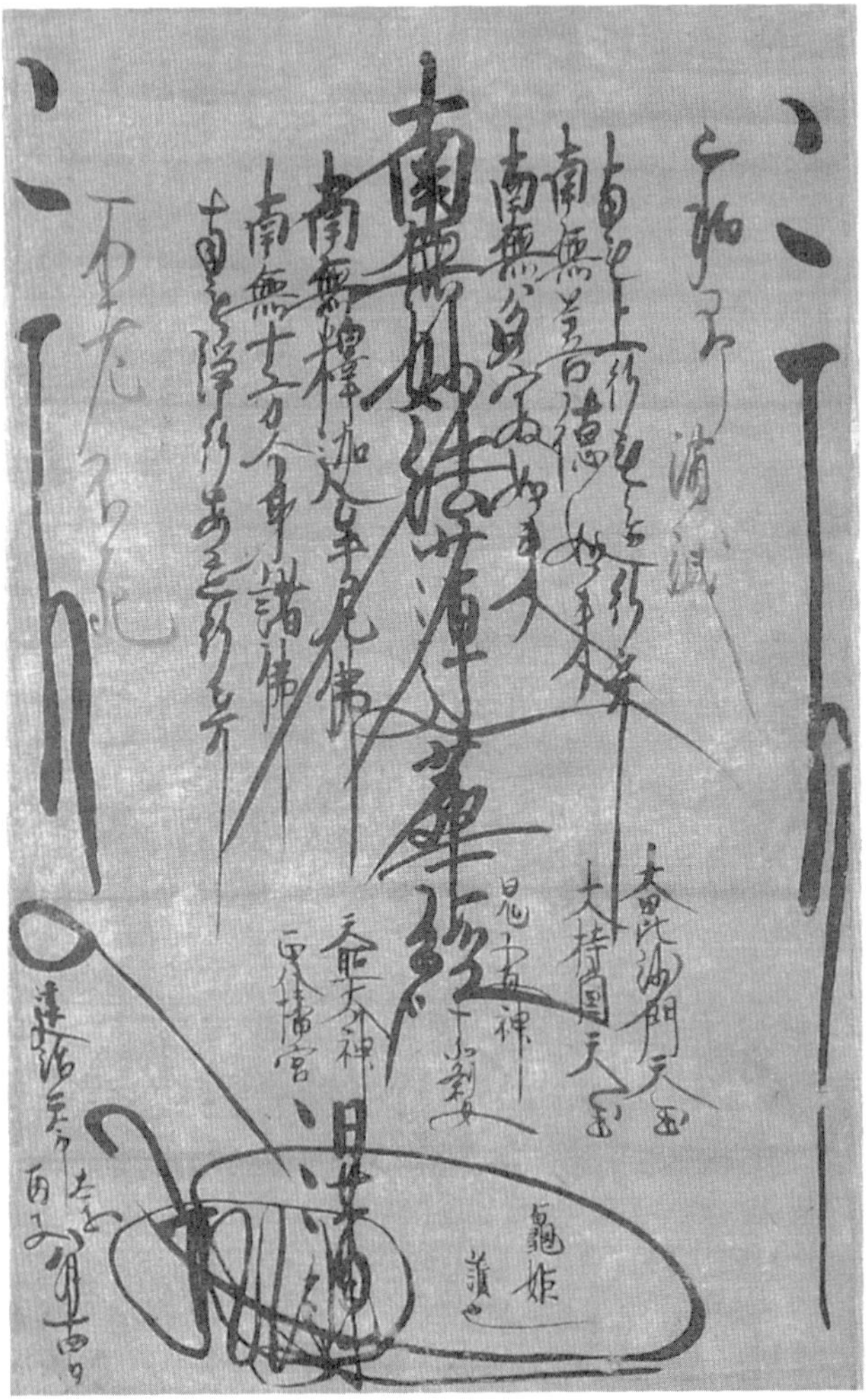

本尊曼荼羅（京都立本寺蔵）
一紙の曼荼羅本尊はお護りとして授与された．

礼拝したものと思う。

曼荼羅本尊を揮毫する順序は、まず大筆で中央に「南無妙法蓮華経」と題目を大書し、筆を中穂に替えて釈迦・多宝如来と四菩薩を上段に書き、以下の菩薩や諸尊・人師などを記す。光明点の長さや点画の太さが足りない時には、この時点で補筆する。そのうえで、また大筆をとって四隅に四天王を、左右に不動《ふどう》・愛染《あいぜん》を梵字《ぼんじ》で記し、再び中穂の筆をとって意味深い経文の句や曼荼羅本尊の意義などを列記する。いよいよ最後に、大筆で「日蓮」と署名して花押を据え、中筆をもってその日付と、授与する相手の名を記して曼荼羅本尊の揮毫を終わる。曼荼羅本尊に勧請される諸尊の名は、日蓮が仏界のイメージを頭に描きながら執筆するので、時によって変化がみられるが、釈迦・多宝如来と四菩薩には変わりがない。

この曼荼羅本尊は、法華経信者が礼拝すべき本尊として道場にかかげられ、その前に華・香・灯明を供えて荘厳《しょうごん》し、信者同士が読経し題目を唱え、互いの信仰を研鑚《けんさん》し確かめあった。大型の曼荼羅本尊は、大勢の信者がその前に寄り集うことを予期して大書され、法華堂の内陣正面にかかげられて礼拝の対象とされた。中型の曼荼羅本尊のなかには、師と弟子という授法の関係を確認する意味合いももっている。先述した藻原寺の曼荼羅本尊には、これを「日向《にこう》法師に授与する」と書かれていて、日蓮がその弟子の日向に授与したことがわかる。「六老僧」といわれる六人の上位の弟子は、いずれも日蓮から直接に曼荼羅本尊が授与されて、教団の未来を託されたに違いない。

一紙の小型曼荼羅本尊には、建治二年（一二七六）八月十三日の通称三光瓔珞《ようらく》本尊のように、「病即消滅、不老不死」「亀若護りなり」とあって、明らかにお護りとして授与されたことがわかる。しかも、実際にこれを肌身離さず持ち歩いたことを、全面に残された細かい折り目の跡によってうかがえる。その少し前、建治元年十二月日の通称「玄旨伝法本尊」は、京都に日蓮宗を広めた日像に授与されたもので、小さく畳まれて汗のシミが残り、折り目がわずかにスリ切れている。二度目の元寇を前にした弘安三年には、一紙の曼荼羅本尊が盛んに揮毫され、出陣する武士たちの武運長久を祈られたことが窺われる。

このようにさまざまな意味を内に蔵しながら、日蓮筆の曼荼羅本尊は、法華経信仰のシンボルとして受容され、伝統を体現する聖物として後世に相続される。現在は、一二〇幅あまりが、ほぼ日蓮の真蹟本尊として伝来している。

信者の戦いと受難

曼荼羅本尊の授与と書状などの伝達は、信者たちの間で聖物の授与としての意味をもつようになり、上位の弟子を中心とする地域的な信仰集団が、南関東から東海地方一帯に形成されるようになる。このような趨勢《すうせい》は、必然的に信仰をめぐる緊張関係を各地に生むようになり、年号が弘安に改まるころから、深刻な抗争を引き起こすようになった。

弘安元年（一二七八）九月ころ、富《と》木《き》常忍《じようにん》は天台僧の了性《りようしよう》・思念と問答を行い、勝を得ることができた。このことを身延山に報告してきたので、日蓮がみずから書状をしたためて、今後の対応を指示したのが、十月一日付の「富木入道殿御返事」である。下総の守護千葉介胤宗《ちばのすけたねむね》かその代理者の面前で行った問答の内容は、法華経以外の信仰によって成仏できるかどうか、法華経の行者は戒律をたもつべきかどうかという、成仏と戒律をめぐってのことであった。富木常忍の仏教学に対する学識には、並々ならぬものがある。

幸いにも、富木常忍は千葉介から勝ちを宣せられたが、それは守護の事務を担当する家臣としての長い間の功績が、大いに預かって力があったに違いない。日蓮は、薄氷を踏むような宗論の実況を聞いて、これから後は下総において対論をしたり、他人と論議を戦わせてはならないと、厳しく指示している。このような出来事が、教団に対する抜き差しならぬ弾圧を呼びうることを、日蓮はなによりも恐れたのである。

ちょうど同じころ、富士山麓の駿河国熱原《あつはら》（静岡県富士市）でも、信者の農民を巻き込んだ深刻な事件が起こった。熱原の天台宗寺院滝泉寺《りゆうせんじ》を舞台として、院主代として寺の運営にあたっていた平左近入道行智《へいのさこんにゆうどうぎようち》と、住僧の日秀・日弁との間に深刻な争いが起こった。この二人の僧は、日蓮の弟子日興《につこう》の教化《きようけ》によって生まれた弟子で、なおも天台宗寺院のなかに居住しつづけていたから、院主との間に信仰をめぐる抗争が絶えなかった。滝泉寺の寺内におけるこのような対立は、やがて寺外にまで及んで、信者の農民まで巻き込んで激化の一途をたどる。この地が北条氏の得宗領であったから、事態はよりいっそう逼迫《ひっぱく》した展開をみせるようになった。

この争いはやがて抜き差しならない事態を招き、弘安二年（一二七九）の九月には、熱原神四郎をはじめ二〇人の農民が鎌倉に連行された。日蓮はこの抗争の解決に積極的にかかわり、拘禁の不当を訴える陳状《ちんじょう》の草案をみずからととのえ、弟子を遣わして事にあたらせた。しかし、農民たちは平頼綱《たいらのよりつな》の厳しい尋問を受け、刈田狼藉《かりたろうぜき》の罪を追及されたうえで、「南無阿弥陀仏」と念仏を称えることを強要されたが、これを拒んで無惨にも処刑された。「南無妙法蓮華経」と題目を唱えながら斬首された者が三人、あとは禁獄という厳しい処置であった。

公権が発動されたこのような事件とは別に、一族内部での対立という事態も起こった。武蔵国の池上に住む池上宗仲《むねなか》と宗長《むねなが》兄弟は、信仰をめぐって父と対立して、兄はついに勘当された。日蓮は四年間にわたってこの兄弟の信仰を指導し、弘安元年には父の康光《やすみつ》が改宗して、家の難事は解決した。鎌倉に在住する四条頼基《よりもと》は、建治三年（一二七七）六月に主君の江間氏に譴責《けんせき》されて、領地を失う危機に直面する。これに対して、日蓮は陳状の草案を書き遣わすなど、問題解決への指導を行ったので、主君の怒りもようやく氷解した。

建治元年九月に、蒙古の使者を竜《たつ》ノ口《くち》で斬ってから、再度の蒙古襲来はもう逃れようがない。戦いの不安と恐怖感が日本全体を深く覆い、張りつめた緊張が過度の反応を見せるという、社会的な動揺が日蓮の門下にも深刻な影を落としていた。

もう一つの道

関東の武士は、幕府の命令にしたがって、元の襲来を防衛するために、次々と西に向かって進発していく。前回以上の軍勢を擁する蒙古と高麗《こうらい》の連合軍が大挙して博多に押し寄せて来ると、日本の防衛軍はいったいどのような目に遭《あ》わなくてはならないのだろうか。建治二年三月二十七日の「富木尼御前御書」には、予想される恐るべき光景が描き上げられる。「蒙古のつわもの攻め来たらば、山か海か生け捕りか、船の内か、高麗かにて憂き目に遭」うであろう。このように苦しい戦いに出陣する兵士の思いを、文永の役の時に壱岐《いき》・対馬《つしま》・大宰府《だざいふ》の人々が蒙った被害から、深く思いやる。

鎌倉の人々の天の楽の如くにありしが、当時筑紫へ向かえば、留まる女《め》こ、行く男、離るる時は皮を剝ぐが如く、顔と顔とをとりあわせ、目と目とを合わせて嘆きしが、次第に離れて、由比の浜・稲村・腰越・酒匂・箱根坂。一日二日過ぐる程に、川も山も隔て、雲も隔つれば、うちそうものは涙なり、伴うものは嘆きなり、いかに悲しかるらん。

鎌倉から西に向かって出陣する武士と、これを見送る妻との別離の姿を、幾度も思い描いた道行き文の意味に、改めて付言する必要はあるまい。博多に赴いて防衛の任についても、前回よりもなお大規模な軍勢が来寇《らいこう》したら、日本はひとたまりもなく攻め破られて、亡国の憂き目をみることは明らかである。日蓮は、蒙古の襲来による滅亡の運命を、はっきりと直視する。

やがて弘安三年（一二八〇）ともなれば、中国大陸の南宋が滅びた事実を背景に、留守を守る東国の武士社会には、ますます敗戦と国家の滅亡という不安が深まってきた。弘安三年七月二日の「上野殿御返事」には、蒙古のことを聞くと「羊が虎の声を聞く」ように恐れ、親子とはなれて出陣した武士は「皮を剝ぎ肉をやぶる」ようなつらい日々を送る姿を述べている。文永の役を経験した信者から聞いた戦いの姿、留守を預かる女性の信者から訴えられるその心情を、深く思い合わせながら、滅亡の運命を前にした深刻な情況を物語っている。

日本が、滅亡の淵に沈むような危機を招くようになったのは、もとはといえば『立正安国論』の主張を幕府が無視して、その趣旨を取り上げようとしなかったためである。そのうえ、二月騒動や文永の役にさいして、あたかも周の文王が太公望を迎えたように、北条時宗や平頼綱らが日蓮を招請して、法華経の信仰を受持しなかったからである。その結果は、建治二年に竜ノ口で蒙古の使者の首を斬り、事態を決定的に悪くするようなことになってしまった。

日蓮は、蒙古の襲来に対する幕府の武断的な対応を厳しく批判し、救世のためのもう一つの道を用意していた。それは、西大寺の叡尊《えいそん》が石清水八幡宮《いわしみずはちまんぐう》の神前で、「東風をもって兵船を本国に吹き送り、来人を損なわず、乗るところの船を焼失したまえ」と祈った、戦闘を否定する願いと通じるものであった。蒙古の襲来を目前にした日蓮は、日本国が辿る敗戦の運命を直視しながらも、なお戦を避けるもう一つの道を求めつづけた。しかし、事態はもう予断を許さないほど、切迫したものとなっている。

弘安の役

身延入山の初期には、日蓮は法華経の信仰によって、永遠の浄土がこの地上に現れると期待していた。文永十二年（一二七五）二月十六日の「新尼《にいあま》御前御返事」には、「この五字（妙法蓮華経）の大曼荼羅を身に帯し心に存せば、諸王は国を扶《たす》け、万民は難をのがれん。乃至《ないし》後生の大火炎を脱《のが》れん」といい、国家滅亡の危機から逃れる道を、法華経信仰に求めた。その年の四月十二日の「こう入道殿御返事」には、「蒙古国の日本に乱れ入る時は、これへ御わたりあるべし」と、佐渡から身延山への避難を約束している。

しかしながら、弘安二年ともなれば、事情はさらに深刻となり、日蓮とその一門の者の死も覚悟しなくてはならなくなる。蒙古の襲来によって、日本国の人々はなんらなすすべもなく殺され、地獄に堕《お》ちて永劫《えいごう》に苦しまなくてはならない。しかし、法華経を信じる日蓮とその一門にとっては、滅亡は一時の苦痛ではあるが、すぐさま仏国土という楽しい世が開ける（「上野殿御返事」）と、死後の平安を約束する。

一切のものが尽き果てた後に、この同じ国土の上に顕現する世界は、衰えも知らぬ仏国土である。そのとき、日本国の滅亡と運命をともにした法華経の信者は、仏の常住する霊《りょう》山浄土《ぜんじょうど》に赴いて、釈尊の前に侍《はべ》ることができるという。今度の蒙古襲来こそは、まさに日本国が滅亡する時であり、世界のすべてが法華経の信仰に包まれた浄土になると、終末の後に現れる不滅の時空を望見する。

佐渡で著わした『観心本尊抄』では、法華経の四菩薩が大地から涌出して、大曼荼羅本尊が虚空に高く掲げられ、この地上に法華経の浄土が現出すると説いた。いよいよ蒙古の襲来による日本国の破滅が予見される今、この構図はさらに一歩を進める。激しい攻防の末に日本国が滅亡する時こそ、法華経の浄土がこの国土に出現すると、目前にその姿を望見する。蒙古襲来を契機とする破滅と再生という構図で、日連はその終末論を完成する。

弘安四年（一二八一）の夏、かねてから恐れていた、蒙古と高麗の連合軍が、大挙して襲来した。この大軍は、まず五月二十一日に対馬を攻撃したのを手はじめに、壱岐・平《ひら》戸《ど》・周防《すおう》など西国の諸地方を攻め、ついで博多湾に向かった。襲来の情報はすぐさま朝廷・幕府をはじめ各地に伝わり、深刻な社会不安を巻き起こした。東国では蒙古襲来による合戦の結末がはっきりしない八月八日、日蓮は「光日上人御返事」で、亡国に瀕した現実を厳しくみつめている。

日本国四十五億八万九千六百五十八人の一切衆生《いっさいしゅじょう》、一人もなく他国に責められさせ給いて、その大苦は喩《たと》えばほうろくと申す釜に水を入れて、ざっこと申す小魚をあまた入れて、枯れたるしば木をたかむが如くなるべし。

蒙古の大襲来によって、日本国のすべての人々が、まるで釜に入れられて煮られる魚のように死を迎えるという、亡国の惨事を描く。しかしながら、博多湾に上陸しようとした蒙古の大軍は、七月三十日の夜から吹き荒れた台風によって潰《つい》え去り、閏《うるう》七月一日には海上から姿を消していた。日蓮の予言に反して、蒙古の大軍が敗退し、日本は亡国の危機を脱していたのである。

富木常忍からこの情報が届くと、日蓮はさっそく返書をしたためてこれに答えた。「秋風のわずかの水に、敵船賊船なんどの破損仕りて候を、大将軍生け取りなんど申」したのではないかと疑い、「蒙古の大王の頸《くび》の参りて候かと問い給うべし。そのほかはいかに申し候といえども、御返事あるべからず候」と、慎重な態度をとるように命じている（「富木入道殿御返事」）。

日蓮のこのような言葉にもかかわらず、日本国は蒙古襲来という国難から危うく逃れることができた。この意味において、日蓮が予言として提示した国家滅亡の構図は、最後の段階において破綻したといえよう。日本国の滅亡による仏国土の顕現は、ついには現実のものとはならなかった。

終焉の旅

身延の造営

蒙古の襲来が予想外の結末をうみ、日本国が滅亡の危機を脱したことは、まことに幸運ではあったが、その受けた傷痕はあまりにも大きかった。しかも、これから後、三度目の襲来が予想され、防衛体制を解くことはできない。危機の時代はなおもつづくのであり、日蓮のいう亡国の運命と浄土の現出は、さらに先送りされることになる。

しかし、日蓮はすでに六十歳、長い間のはげしい法華修行と受難の連続によって、老年の身は衰えて病気がちであった。身延山の谷間という居住条件の悪い場所は、健康をむしばむ負の条件に満たされ、とくに下痢の持病に悩まされつづけていた。弘安四年（一二八一）の冬になると、これまでの庵室ではさすがに寒さに耐えがたいありさまで、檀越《だんのつ》の波《は》木井実長《きいさねなが》は新しい堂舎の寄進を申し出た。これが完成したとき、日蓮は施主の南部六郎、すなわち波木井実長にあてて「地引御書《じびきごしょ》」をしたためて送り、作事のそばにいてみずからの目で見た造営の次第を報告している。

新たな建築作業は、十月の初旬から始まった。山を崩して敷地を造成して、材木をととのえたりしたが、その二四日間は、一日片時も雨が降ることのない、作業には恵まれた日々であった。準備がととのうと、十一月一日に仮の小坊と馬屋を作って、日蓮は庵室からここに移り住む。七日には大雨をついて大坊の柱立てを行い、暖かな曇り空の九日と十日の二日がかりで、屋根に檜皮《ひわだ》を葺《ふ》き終わった。十一日から十四日までは急に気温が下がり、大雨につづいて大雪が降り積もり、今もって消えずに残っている。この寒さのなかで、壁を塗ったり仏壇を設置したりして、仏堂と住居を兼ね備えた内装工事を急いだ。

十一月二十四日は、天台大師《てんだいだいし》の命日にあたる霜月会《しもづきえ》であるから、この日に堂の供養を行うことになった。前日の二十三日と当日は、幸いに青天で気温も高かったので、日蓮の弟子や、波木井氏一族をはじめとする大勢の信者が、木の香も新しい堂に大勢集まった。新しい堂に仏を迎える開堂供養は、大師講の仏事を修し延年の舞を催して、一日の儀式を無事に終わった。そののち真夜中の戌亥《いぬい》の刻（十一時）に、三十数人の僧が新しい堂に集まって、法華経をまる一日かけて書写するという「一日経」を始め、翌日の二十五日夕方申《さる》酉《とり》の刻（五時）に書き終わって、仏前で供養を行っている。ただし、その法華経の供養はわざと完結しないで、法華経の信仰が世界に広まって念願が叶《かな》った暁に、あらためて結願《けちがん》を遂げようとする。

新たな堂の造営に、波木井氏一族が総出で奉仕した様子を、日蓮は簡潔に述べている。波木井実長の次郎ら公達《きんだち》（子息）は、親の命令とあって懸命につとめ、「われと地を引き、柱を立て、藤兵衛・右馬の入道・三郎兵衛ら以下の人々、一人も粗略の義なし」という働きぶりであった。健康を害して沈みがちの日蓮を、どうにか勇気づけようとする波木井氏一族の思いがうかがえる。

身延出山の旅

日蓮の病は消化器系の疾患で、三、四年前にも長患《ながわずら》いしたものの治癒したことがある。しかし、このたびは弘安四年の春ころから起こって、なかなかなおらない。みずから「老病」といい「痩せ病」というこの病は、秋を過ぎて冬になるにつれてますます悪くなり、食もすすまず体重もどんどん減っていく。とくに新しい仏堂が完成し供養を遂げた後、十一月の半ば過ぎころから食欲がまったくなくなり、力も衰えて書状をしたためることも困難な状態である。

十二月初旬には、寒さもいっそうつのって、もう死を覚悟しなくてはならなかった。雪のなかを山中に訪れる者も少なく、檀越がつかわす使者のたまさかの訪れが、限りなくよろこばしく感じられる。供養の品のなかでも、清酒を送られたことがうれしく、食をすすめ体を温める効があった。

身延山にふたたび春がめぐってきた弘安五年（一二八二）の三月、日蓮の病気も幸いに快方に向かい、気持ちもさっぱりして力がわいてきて、「虎をとる」ような潑剌とした気分になった。その一日から四日の間、日蓮と同様に重い病を克服した南条時光が、駿河の富士山麓から訪れて滞在したので、大いに心の慰めになった。静かに周囲を眺め渡すと、鎌倉に出て法華経信仰の伝道活動を始めてから二〇年の間、継起したあまりにも劇的な事件のなかで、日蓮がかかわった多くの人々は、あるいは老年を迎え、あるいは先立っていった。懐旧の念もひとしおであったろう。

夏の気候には強い日蓮も、いよいよ秋も深まる旧暦の九月になると、寒さの気配も感じられるようになり、ふたたび重病にかかるおそれもあった。九月八日、日蓮は湯治のために常陸国《ひたちのくに》を目指して身延山を出発し、まず故郷に向かって旅立った。寒さの冬がすぎて春が訪れると、ふたたび帰ってくる心で、愛馬にまたがって静かに旅をする。日蓮を守る旅の一行は、波木井一族の公達に守られ、身延山から北上して富士の北麓をへて、東に進んだ。関東平野に出ると、やがて分倍河原《ぶばいがわら》（府中市）で鎌倉街道の上道《かみのみち》と交わり、かつて佐渡を往復した配流の旅をはるかにしのんだことであろう。

分倍河原で多摩川を渡り、川沿いの道を下って行けば、檀越の池上《いけがみ》右衛門大夫《うえもんのたゆう》宗仲《むねなか》が住む、武蔵国千足《せんぞく》郷池上は間近い。一行は、この池上でしばらく休んだ後に、鎌倉街道下《しもの》道《みち》を、新井宿・芝・忍ヶ岡《しのぶがおか》とたどって浅草で隅田川を渡り、下総から上総をへて安房国《あわのくに》片《かた》海《うみ》の故郷を訪ねようとした。その途中には、太田乗明《じょうみょう》や富木《とき》常忍《じょうにん》らの檀越が住む、思い出深い守護所《しゅごしょ》の地があり、修学と出発の地清澄山《きよすみやま》がある。

身延山を出発してから一一日の後、一行は九月九日にようやく池上の館に到着したが、日蓮の病状は重く、これから先に旅を進めることができなくなっていた。ここで弟子の日興に代筆させて、波木井実長にあてて書状を送った（「波木井殿御報」）。「所労の間、判形《はんぎょう》を加えず候事、恐れ入り候」と追って書きされたこの書状には、「所労の身にて候えば、不定《ふじょう》なる事も候わんずらん」と述べて、死を覚悟しながら、身延山での九ヵ年にわたる深い志を謝している。そのうえで、「いずくに死に候とも、墓をば身延の沢に」設けることを要請している。

池上の葬送

池上氏の館で養生していた日蓮は、日がたつにしたがってしだいに衰弱の度を増して、十月になるともう立つこともできなくなった。やがて死を悟った日蓮は、十月八日に弟子の日興に代筆させて、教団の指導者となるべき上位の弟子六人をきめ、一門の後事を託した。後世に「六老僧」といわれるその弟子は、日昭《にっしょう》・日《にち》

臨滅度時の御本尊（鎌倉比企谷妙本寺蔵）　弘安3年3月に揮毫された，十紙からなる大型の曼荼羅本尊．弟子の日朗に授与されたことが，最近確認された．

朗《ろう》・日興《にっこう》・日向《にこう》・日頂《にっちょう》・日持《にちじ》らで、日蓮は「本弟子」とよんでいる（『日蓮聖人御遷化記録《にちれんしょうにんごせんげきろく》』重要文化財）。

伝説によると、最後の説法として『立正安国論』を講じたというが、それも形だけのことであったろう。遺言には、釈迦仏の立像を墓の側に立ててまつり、『注法華経』も同様に墓のかたわらにある堂に安置して、六人の弟子が当番で墓塔に侍るとき、これを開き見るように命じた。

弘安五年（一二八二）十月十三日辰《たつ》の刻、午前八時ころ、日蓮は六十一歳の生涯を、池上の地において静かに閉じた。ちょうどその時に地震があって、これを大地が震動する瑞相《ずいそう》が現れたと感激した。

鎌倉の妙本寺に、日蓮が臨終の時に掲げられたという、「臨滅度時《りんめつどじ》の本尊《ほんぞん》」と称する、一〇紙を継いだ大型の曼荼羅本尊が伝来している。その紙背に「日朗（花押）」と小さく署名されていることが、ごく最近発見された。日朗は日蓮のもっとも信頼する僧で、池上本門寺の第二世を継いだから、これは、伝承どおり日蓮入滅時にかかげられたものと見てよい。日連の臨終がいよいよ近いとみた日朗が、鎌倉の法華堂に掲げていた真蹟の曼荼羅本尊を、小さく折り畳んで大急ぎで池上に運んだのであろう。

その翌日十四日戌《いぬ》の刻、午後八時ころ、遺体を入棺して葬送の儀を営む。真夜中の子《ね》の刻、十二時に葬列をととのえて、館のかたわらの谷間に作られた荼毘《だび》の場に赴く。鎌倉の住人二郎三郎が松明《たいまつ》の火をもって先導し、駿河の四郎次郎が大宝華《だいほうげ》を、四条頼基が幡《ばん》、富木常忍が香、太田乗明が鐘、南条七郎次郎が散華、大学三郎が御経、富田四郎太郎が文机、御所中間の源内三郎が御履物を捧げて従う。

柩《ひつぎ》を乗せた輿《こし》を運ぶのは弟子たちで、前陣には大国阿闍梨日朗が先導して八人が左右に別れてかつぎ、後陣には八人が同様にかつぎ、弁阿闍梨日昭が後ろにしたがって進む。その後に、太田三郎左衛門尉が天蓋、兵衛志が御太刀、椎地四郎が御腹巻、亀王と滝王という童が御馬を引いて、荼毘の場に静々と向かった。

うずたかく積んだ荼毘の床に火がつけられたのは、もう十五日になった真夜中で、聖者の遺骸を焼く炎が、狭い谷間の空を赤く染めた。師を送る弟子や信者も、奇跡をもとめてやって来た者たちも、立ち去ることなく朝を待った。

ほのぼのと明るい空のもとで、日蓮の収骨が始まった。しかし、日蓮は何の奇跡も起こさなかった。聖者の静かな終焉の姿である。遺骨のほとんどは骨壺に移され、身延山への道をふたたびたどることとなる。後のわずかな遺骨と遺灰は、唐金《からかね》の筒に納められて、一時池上氏の持仏堂に安置され、やがて荼毘の場所に建てられた墓堂に移してまつられた。この筒には、次のような銘文があり、のちに本門寺の祖師堂に安置される、日連聖人木像の胎内に納入されている。

（表）　南無多宝如来　　（裏）　弘安五年壬子十月十三日辰刻御遷化

南無妙法蓮華経　　大別当　大国阿闍梨　日朗

南無釈迦牟尼仏　　大施主　散位大中臣　宗仲

大施主　清原氏女

このほかにも、小さな焼き物の瓶《びょう》を首に下げて、収骨の終わった荼毘の跡に、わずかの遺骨を求めてたたずむ者もいた。

身延の墓塔

葬儀が終わると、弟子の日興によって「御遺物配分帳」がまとめられ、これにもとづいて遺品の配分が行われた。『注法華経』が日昭に、釈迦立像が日朗に、乗馬五頭が日向《にこう》・日興《にっこう》・日持《にちじ》らに分与され、そのほかに衣《ころも》・袈裟《けさ》・太刀《たち》・腹巻・念珠《ねんじゅ》・小袖《こそで》・帷子《かたびら》・帽子・銭二一貫文などが配分された。日蓮のつつましい旅の姿がしのばれる。

日蓮の遺骨は、池上からふたたび同じ道を西へと辿《たど》り、身延山の山中に着いた。去年の冬に新しく造営された堂に安置したのち、遺言どおりその背後地に墓塔を造って納めた。翌年の正月、墓所を守る番帳を作成して、弟子たちが交替で身延山に登り、日蓮の墓塔に仕える「守塔制《しゅとうせい》」が定められた。この番帳は二本が現存し、池上本門寺本には「身延山久遠寺番帳」とあり、西山本門寺本には「墓所を守るべき番帳の事」とある。身延山中に営まれた日蓮の墓塔を拠点に、教団の発展と組織化が図られたことは、遺言の意志にそった基本的な方針であった。

いまや、法華経の行者としての予言者であり、救済者であった創唱者日蓮が没して、新たな宗教上の権威を確立し、世俗との対応を考えなくてはならないという、深刻な事態に立ち向かっていた。日蓮の身延山入山後の教団は、蒙古の襲来によって急激にもたらされた、政治的なあるいは社会的な変動によって、諸方面に守勢的な対応を余儀なくされてきた。この機運を克服する新たな展開の機運を求めなくてはならない。

聖者として崇《あが》める日蓮を中心に、大勢の弟子たちと檀越・信者を、あたかも武士団の固い結合のように糾合《きゅうごう》して、法華経の信仰世界を構築するには、まだまだ時期が熟していなかった。このような課題を残しながら、日蓮はこの世を去ったので、その後もなお深刻な問題が山積し解決を迫られつづける。日蓮の信仰と行動に激しく表出した、それぞれ独自の世界観をかかげる聖と俗権の対応関係は、そのあり方を今日にもなおお問いかけつづける。

予言と法難の果てに――エピローグ

日蓮の系譜をたずねると、在地領主である武士とは異なって、文筆をもって生業とする家系を予想させる、さまざまな条件に満たされている。その後の行動パターンを見るにつけ、身についた「文つかい」の感性が随所に表出していて、展開する政治情勢と深くかかわりあった日蓮の宗教運動の源を、文筆の家という出生の環境に求めることができよう。

救世主の自覚

政治よりも宗教を選んで出家した日蓮は、法華経信仰を鼓吹《こすい》して、強力な伝道を推しすすめていく。房総と鎌倉をはじめとする、南関東から東海に至る広い地域が活動の舞台となり、さらに比叡山にまでその世界は延伸する。法華経の題目を唱えて、新たな宗教運動を展開する日蓮は、みずから体験した天変地異を、仏教によって読み意味づけ、予言と受

身延山久遠寺
伽藍の背後にそびえる身延山の山頂には，奥の院思親閣がある．

草庵跡の奥に築かれた日蓮の墓塔
石造宝塔の中には五輪の石造供養塔がある.

身延山久遠寺絵図　身延詣の盛んな江戸中期の図

難のなかに伝道の歩をすすめた。

仏教の世界観に触れて、広い国際感覚を身につけていた日蓮は、蒙古の襲来という予言が見事に的中したので、幕府の政権との対応を深めるようになった。やがてそれは越えがたい溝を構えることとなり、竜ノ口《たつのくち》法難と佐渡配流の受難を生むこととなる。佐渡で開花した日蓮の救世主としての自覚と、示された壮大な法華経信仰世界の構図は、仏教的終末論の一つの完成を物語る。

法華経浄土の実現

身延に入山してからの日蓮の思想は、蒙古の襲来という深刻な現実を直視しながら、国家の滅亡の後に仏国土が現れるという、終末の思想を強くいだくものであった。佐渡配流の前と後とでは、後期になって終末の構図を描くようになったことが、もっとも重要な点であろう。このような意識を背景に、日蓮はみずからを聖者として確認し、身延山を法華経の聖地として荘厳《しょうごん》する。国家の滅亡と浄土の出現を、あふれる期待感をもって望見するのが、身延の日蓮であった。

やがて病を療養するために身延山を離れ、池上で六一年の波瀾にとんだ生涯を終わったが、日蓮は最後にいったい何を語ったのであろうか。それは、晩年の日蓮が、みずからの壮烈な信仰体験をしばしば述懐したように、行動によって法華経の教えを実践し、法華経の浄土を実現することである。日蓮入滅後の後継者たちは、地上に現れるべき永遠の浄土が顕われる時を、なおも求めつづける法華経信仰の課題を、いつまでも背負っていかなくてはならない。没後の教団は、この使命を内在化することから、第一歩を歩みはじめる。

あとがき

日蓮の生涯を語るとき、その思索と行動の軌跡を、当時の社会情況のなかで捉え、歴史的に位置づけようとする営みが、大きな課題として提起され続けている。「戦後」ともいわれるこの五十年間に、はなばなしく展開された日蓮研究を眺めると、そこには豊かな業績が連なりまことに偉観を呈している。

公刊されたこれらの研究成果に啓発されながら、もう一つの視点を掲げて、日蓮の一生について一書をまとめようと、かねてから思っていた。それは、日蓮その人と、日蓮につらなる無数の人々がいだき続けた、法華経信仰の心情を描きあげたいという願いである。このような意志の底には、信仰は常に具象的なものであるという、基本的な観念があったように、いまから省みておもう。

もう半世紀も昔のことになる。立正大学に進学するために上京した私は、東京都大田区の池上本門寺で修行の毎日を過ごしながら、夜学生の日々を送った。ごく早朝から始まる一日の行事と修行は、決して楽なものではなかったが、日蓮を仰ぐ伝統的な祖師信仰の中心で、大本山の地位にあるこの大寺に参詣する信者の姿に接しながら、信仰についてのはげしい衝撃と、深い興味をおぼえる日々であった。冒頭に口絵として掲げた国の重要文化財「日蓮聖人木像」は、かつて、朝夕つねに礼拝しつづけた「ご尊像」である。

学問的には着衣像といわれるこの木像は、白衣だけが彫刻してあって、その上に法衣と袈裟を着せかけるようになっている。存生中の日蓮に、その弟子たちがいつも袈裟衣を着せかけていたことにならって、いつまでも随従しつづけようという、信仰の証しを表現している。手にした払子は、身延が夏になると、説法の座に襲ってくる蚊や蝿を追うために、実際に用いられたものであろう。本書の内容に、宗教的な生活史の要素を、おおいに盛りこもうと努力したのは、このように日常の実像を描こうという発想によるものである。

一方、日蓮の社会環境をうかがう上で、とても重要な意味をもつ古文書や典籍を、幸運にも数多く発見することができた。それぞれ機会をみては発表してきたが、それは従来の伝承を、あるいは補強しあるいは改めるものとして、おおいに役だった。このころ、表装がもう古くなって破損が進んだ日蓮の真蹟を、ひとつひとつ厳密に修理する事業にたずさわっている。その過程で、いままで知られなかった新しい事実を読み取り、従来の通説を変更した点も多い。

これらの観点から、鎌倉時代の時代情況のなかに封印される日蓮像ではなく、歴史的に生き続け後世に影響をのこす「日蓮聖人」の原像を求めようと試みた。本書においては、日蓮の伝記を叙述するなかに、日蓮をめぐって躍動する大勢の人々が、随所に直接登場するというわけではない。しかし、日蓮の思想と行動について述べる文の背後に、創唱者の時代と地域をこえる営みをうかがっていただきたいものである。

宗教史を研究するうえで、信仰心情を物語る史料を広く求め、これを解釈し意義づけることは、正直いってまことに至難のわざである。典籍・文書をはじめ、さまざまな造形物や儀礼をめぐり、これらを創出する人々の意志を明らかにし、信仰上の心情を捉えようとする作業を何年にもわたって営んだ。先だって、吉川弘文館から刊行した『日蓮信仰の系譜と儀礼』『中世の勧進聖と舎利信仰』、次に予定している『日蓮真蹟遺文と寺院文書』はその一応の成果で、本書の土台としての意味をもつ。

日蓮が、安房の清澄寺ではじめて題目を唱えてから、いよいよ七五〇年目をむかえる。宗教的人格としての日蓮が果たした役割とその意味を、いまからもなお、歴史の中に聞き続けたいと念じている。

平成十三年十月十三日　日蓮入滅の日

中尾　堯

著者紹介
昭和六年、広島県に生れる
昭和三十二年、立正大学大学院文学研究科修士課程修了
現在、立正大学文学部教授　文学博士
主要著書
中山法華経寺史料　日蓮宗の成立と展開　日本仏教史　日蓮信仰の系譜と儀礼　中世の勧進聖と舎利信仰

歴史文化ライブラリー
130

日蓮

二〇〇一年(平成十三)十一月一日　第一刷発行

著者　中《なか》尾《お》堯《たかし》
発行者　林　英男
発行所　株式会社　吉川弘文館
東京都文京区本郷七丁目二番八号
郵便番号一一三―〇〇三三
電話〇三―三八一三―九一五一〈代表〉
振替口座〇〇一〇〇―五―二四四
印刷＝平文社　製本＝ナショナル製本
装幀＝山崎　登

歴史文化ライブラリー

1996.10

刊行のことば

現今の日本および国際社会は、さまざまな面で大変動の時代を迎えておりますが、近づきつつある二十一世紀は人類史の到達点として、物質的な繁栄のみならず文化や自然・社会環境を謳歌できる平和な社会でなければなりません。しかしながら高度成長・技術革新にともなう急激な変貌は「自己本位な刹那主義」の風潮を生みだし、先人が築いてきた歴史や文化に学ぶ余裕もなく、いまだ明るい人類の将来が展望できていないようにも見えます。このような状況を踏まえ、よりよい二十一世紀社会を築くために、人類誕生から現在に至る「人類の遺産・教訓」としてのあらゆる分野の歴史と文化を「歴史文化ライブラリー」として刊行することといたしました。

小社は、安政四年(一八五七)の創業以来、一貫して歴史学を中心とした専門出版社として書籍を刊行しつづけてまいりました。その経験を生かし、学問成果にもとづいた本叢書を刊行し社会的要請に応えて行きたいと考えております。

現代は、マスメディアが発達した高度情報化社会といわれますが、私どもはあくまでも活字を主体とした出版こそ、ものの本質を考える基礎と信じ、本叢書をとおして社会に訴えてまいりたいと思います。これから生まれでる一冊一冊が、それぞれの読者を知的冒険の旅へと誘い、希望に満ちた人類の未来を構築する糧となれば幸いです。

吉川弘文館

〈オンデマンド版〉
日　　蓮

歴史文化ライブラリー
130

2017年（平成29）10月1日　発行

著　者　中《なか》尾《お》　堯《たかし》

発行者　吉川道郎

発行所　株式会社　吉川弘文館
〒113-0033　東京都文京区本郷7丁目2番8号
TEL　03-3813-9151〈代表〉
URL　http://www.yoshikawa-k.co.jp/

印刷・製本　大日本印刷株式会社

装　幀　清水良洋・宮崎萌美

中尾　堯（1931～）

ISBN978-4-642-75530-6